MW01617216

La sabiduría
del Dalai Lama

———•———

Matthew E. Bunson

La sabiduría del Dalai Lama

integral

La sabiduría del Dalai Lama
Título original: *The Wisdom Teachings of the Dalai Lama*
Autor: Matthew E. Bunson
Traducción: David Dusster
Fotografía de cubierta: Index y Stock Fotos
Compaginación: Pacmer, S. A.

© de la versión inglesa: 1997, Matthew E. Bunson
Publicado bajo licencia de Dutton Plume, una división de Penguin Putnam Inc.
© de la versión española: 1999, RBA Libros, S. A.
Pérez Galdós, 36 - 08012 Barcelona

Ref. LR-12/ISBN: 84-7901-413-X
Depósito Legal: B-17.262-99
Impreso por Liberdúplex, S. L.

Este libro está dedicado, con mi más profundo respeto,
a su santidad el XIV Dalai Lama del Tíbet
y al valeroso pueblo del Tíbet

Agradecimientos

Tengo una deuda de gratitud con muchas personas por su inestimable ayuda en la preparación de este libro. En primer lugar y por encima de todos, quiero dar las gracias a su excelencia Dawa Tsering, representante de su santidad el XIV Dalai Lama en Norteamérica. Este libro no habría sido posible sin su amabilidad y sin la cooperación del Gobierno tibetano en el exilio. También debo dar las gracias a Glen Kelly, consejero especial de Dawa Tsering; al personal de varias bibliotecas, en concreto al de la Biblioteca de Sahara West; a Elke Villa; a Marylou Hale; a Kim Clanton-Green; a Marie Cuglietta; a Jane Cavolina; a Deirdre Mullane; a Eben Weiss; a Martha Casselman, mi agente literario, por su paciencia infinita; a Margaret y Stephen Bunson, y, de forma destacada, a Danielle Pérez, mi editora en Dutton, por su confianza, entusiasmo y amistad.

Índice

Lecciones de sabiduría del Dalai Lama: El Tíbet y el mundo

Apéndices

Introducción

Los tibetanos y los creyentes que reconocen a su santidad Tenzin Gyatso, XIV Dalai Lama del Tíbet, como reencarnación viviente de Avalokiteshvara (Chenresig en tibetano), el Buda de la Compasión, describen a su amado líder con un título honorífico: Kundun, que en tibetano significa «la Presencia». Kundun simboliza el poder espiritual y la eminencia del Dalai Lama y contiene un innegable significado para quienes han escuchado sus discursos, asistido a alguna de las ceremonias que ha presidido o simplemente le han observado en compañía de sus monjes, monjas y entusiastas estudiantes.

Vestido con sus ropajes de color azafrán y granate, hablando a menudo en un inglés poco fluido y mirando al mundo con unos ojos miopes que no han perdido pizca de bondad ni de asombro, pese a todos los horrores que han tenido que presenciar, el Dalai Lama parece fuera de lugar en este planeta. Y aun así, el líder religioso sigue captando la atención del mundo, sirviéndose de los más avanzados métodos de comunicación y transporte. Viaja en aviones, en transatlánticos, escribe libros y artículos, habla en televisión, y ha animado a sus embajadas (las oficinas del Tíbet) para que creen sus propias páginas web en Internet.

Sin embargo, todos estos esfuerzos no son más que herramientas para proponer el mismo reto a todo aquel con quien se cruza: alistarse en una búsqueda de la paz interior y de la realización espiritual que desafíe lo efímero de la era moderna y lleve a concentrar el corazón y la mente en lo que es real y eterno. Sus seguidores aceptan el desafío gustosamente y convencidos de que sus palabras serán beneficiosas para sus vidas y la causa de la liberación del Tíbet.

Su presencia y el inmenso valor de sus enseñanzas lo convierten, junto con el Mahatma Gandhi, la madre Teresa de Calcuta y el papa Juan Pablo II, en una de las figuras espirituales trascendentales de este siglo. Al igual que estos tres destacados maestros, el Dalai Lama ha sido capaz de alcanzar relevancia universal más allá de sus devotos budistas. Tiene seguidores católicos, judíos, musulmanes, agnósticos e incluso ateos. Aquellos que le veneran no necesariamente comparten las prácticas budistas, pero casi todos extraen riqueza espiritual y mental de sus percepciones sobre la vida diaria, la paz interior, la compasión, la paz, la justicia y el medio ambiente.

Su aptitud para realizar eso que él mismo califica de comentarios «de un simple monje budista» resulta intachable. Este líder exiliado ha visto en su propio país la infinidad de peligros que amenazan al mundo moderno: la guerra, la destrucción del medio ambiente y los derechos humanos, la justicia política y las libertades religiosas pisoteadas en nombre del supuesto progreso político, económico e ideológico. Su experiencia de primera mano con las múltiples caras del sufrimiento lo cualifica como maestro, y es la honda profundidad de sus creencias lo que le ha permitido tener la paciencia y la compasión necesarias para perdonar a sus enemigos, para ser incansablemente optimista en la consecución de la paz y para asumir la angustia del pueblo tibetano.

«Lecciones de sabiduría del Dalai Lama» pretende ofrecer una recopilación de las enseñanzas y los conceptos de este líder religioso exiliado. A pesar de recoger las tradiciones más ricas del budismo tibetano, esta compilación va destinada a todos aquellos que deseen estudiar las únicas, oportunas y, a menudo, asombrosas perspectivas del Dalai Lama sobre los retos del mundo moderno y del corazón humano, tales como la paz, el amor, la religión, la compasión y la justicia, así como sus opiniones sobre los temas que más le preocupan: la protección del medio ambiente, la liberación del Tíbet y la difusión del budismo en Occidente.

Para aquellos lectores que no estén familiarizados con la vida del Dalai Lama, la lectura de la breve biografía de la primera parte, que incluye pasajes que relatan cómo fue identificado como reencarnación del XIII Dalai Lama, así como la invasión del Tíbet por la República Popular China, que le obligó a exiliarse en la India en 1959, será una buena presentación de su figura.

Aquellos que son injustos conmigo, y aquellos que me acusan con falsedades, y aquellos que se burlan de mí, y otros: dejemos que compartan la Iluminación. Yo seré el protector de aquellos sin protección, el guía de quienes viajan, y un barco, un puente y un lugar de paso para aquellos que aspiran a llegar a una orilla más lejana.

Para todas las criaturas, seré una linterna para quienes necesitan una linterna, seré una cama para quienes precisen una cama, seré un esclavo para quienes quieran un esclavo.

Para esas criaturas seré una joya mágica, una jarra inagotable, un poderoso hechizo, un remedio universal, un árbol deseado y un cuerno de la abundancia.

Así como la tierra y los otros elementos son, de diferente forma, para el goce de los incontables seres que habitan en todo el espacio,

Así seré yo, en diferentes formas, el medio de subsistencia de aquellos seres vivos que ocupan espacio, por el tiempo que haga falta hasta que hayan sido saciados.

—De SANTIDEVA,
Adentrarse en el sendero de la Iluminación (Bodhicaryavatara)

La vida de
Tenzin Gyatso,
XIV Dalai Lama
del Tíbet

Soy un simple monje budista, nada más, nada menos

En 1933, el XIII Dalai Lama del Tíbet, Tupden Gyatso, murió tras haber reinado como líder espiritual y terrenal del pueblo tibetano durante más de medio siglo. Su fallecimiento frustró buena parte del programa de reformas que había diseñado para situar al reino del Techo del Mundo en el siglo XX. El amado Dalai Lama había hecho hincapié en la urgencia de reformar las estructuras políticas, sociales y económicas del Tíbet y, justo antes de su muerte, profetizó que el País de las Nieves –término con el que definen los tibetanos su reino de las montañas– corría peligro de ser invadido, su gente, asesinada, y sus creencias sagradas, aplastadas por el temible poderío del enemigo. La profecía estremeció a los líderes tibetanos, que creyeron reconocer en ella, procedente del Este, el pujante peligro de China, que desde hacía siglos venía albergando ambiciones de incorporar el Tíbet a su vasto territorio.

La búsqueda del sucesor de Tupden Gyatso transcurrió en este ambiente de profunda agitación ante el futuro. Para los tibetanos, esta búsqueda significaba mucho más que el hallazgo de un gobernante político para el antiguo reino feudal: el Dalai Lama suponía la reencarnación física del Buda de la Compasión, Chenrezig (Avalokiteshvara, según la escuela india), un *bodhisattva* (o ser iluminado) que tomó la decisión, por amor y compasión hacia la humanidad, de renunciar al nirvana —o sea, a la salvación misma— y regresar al mundo para ayudar a los demás en su camino hacia la Iluminación. A sabiendas de las difíciles tareas que debería afrontar el nuevo Dalai Lama y de la inigualable importancia que el Lama tenía para el pueblo tibetano, los dirigentes gubernamentales y religiosos reunidos en Lhasa se esmeraron para designar al regente, el guía que se encargaría de la búsqueda de la reencarnación de Tupden Gyatso. El lama elegido fue Reting Rinpoche.

El regente disponía de pocos datos precisos en los que centrar su investigación. Conforme se acercaba su final, Tupden Gyatso predijo que su renacimiento podría ocurrir en la parte oriental del Tíbet.

Tras su muerte, diversos augurios parecieron corroborar esta posibilidad: las nubes y el arcoiris señalaban al Este; un hongo creció de forma inexplicable en un pilar de la parte oriental del palacio de Potala, la residencia sagrada de los Dalai Lama en Lhasa; y, aunque la cabeza del lama apuntaba al sur en el momento de morir, sus asistentes descubrieron luego que se había vuelto hacia el Este.

Con estos presagios en mente, Reting Rinpoche emprendió el viaje al lago sagrado de Lhamo Lhatso, un lugar de reconocida fama por ser pródigo en visiones para sus visitantes. El regente tuvo allí la visión de un monasterio con un techo de jade verde y oro, una casa con tejas de color turquesa y un patio con un perro marrón y blanco. Reting también vio tres letras tibetanas, *Ah*, *Ka* y *Ma*, pero su significado le resultó confuso. Una vez de regreso a Lhasa y tras explicar sus revelaciones secretas a un grupo selecto de lamas, Reting decidió enviar varias legaciones a recorrer el Tíbet.

Una de esas legaciones, encabezada por Kewtsang Rinpoche, un lama de confianza del monasterio de Sera, se encaminó hacia la región oriental del país. Cuando llegaron a la accidentada y distante provincia de Amdo, en 1937, los enviados encontraron un monasterio con un techo de jade verde y oro en la aldea de Takster. Explorando el lugar, hallaron una casa con tejas de color turquesa. En su interior había una familia con un niño de dos años. Se llamaba Lhamo Dondrub.

Ansioso, Kewtsang Rinpoche, disfrazado de sirviente de Lobsong Tsewang, un subordinado que simuló ser el jefe de la expedición, habló con el niño y se sorprendió cuando éste le pidió el rosario que llevaba Kewtsang; aquel rosario había pertenecido al XIII Dalai Lama. Kewtsang prometió darle el rosario si el pequeño podía adivinar quién era y decirle el nombre correcto del guía de la expedición. La criatura replicó que Kewtsang era *Sera aga*, una forma coloquial de decir «lama de Sera». Luego identificó a Kewtsang por su nombre, indicó que el subordinado era Lobsong Tsewang y, con naturalidad, dijo que Kewtsang era el jefe del grupo. La importancia de las letras surgió de repente para Kewtsang. *Ah* significaba la provincia de Amdo, *Ka* representaba a Kumbune (el monasterio más grande de la zona) y *Ka* y *Ma* identificaban a Karma Rolpai Dorji (el monasterio con el tejado de jade y oro).

Tan pronto como Kewtsang se quedó a solas con el niño, le planteó una serie de pruebas y exámenes minuciosos. Lhamo los superó uno por uno y el lama se apercibió de que también tenía los rasgos físicos habituales de las reencarnaciones de los Dalai Lama: grandes orejas, ojos almendrados y una marca de nacimiento en forma de concha en una mano.

El último paso consistió en consultar los oráculos del reino, que confirmaron la buena nueva: la reencarnación del Dalai Lama había sido hallada.

Se hicieron los preparativos necesarios para llevar al pequeño a Lhasa pero, como si fuera una premonición de los demoledores sucesos que iban a jalonar la vida del nuevo Dalai Lama, un jefe militar chino de la región, Ma Bufeng, pidió una cantidad astronómica de dinero a los tibetanos para autorizar la salida del niño sagrado. El rescate fue pagado tras mucho esfuerzo y la legación pudo partir. Llegó a Lhasa el 6 de octubre de 1939. Dos días después, al compás de *Dios salve al rey* y en medio del griterío del pueblo, el nuevo Dalai Lama fue recibido en Lhasa. Semanas después, Lhamo Dondrub fue ordenado monje budista y recibió un nuevo nombre: Jetsun Jamphel Ngawang Losang Yeshe Tenzin Gyatso, que significa «el Más Venerable, Elegante, Glorioso, Elocuente, Inteligente, Defensor de la Fe, Océano de Sabiduría». Por último, el 22 de febrero de 1940, el recién nombrado Tenzin Gyatso fue entronizado oficialmente como el XIV Dalai Lama.

El Dalai Lama consagró los siguientes años de su vida al estudio intenso del budismo. El Gobierno permaneció en manos de los regentes hasta que el Dalai Lama asumió su plena autoridad en noviembre de 1950. El impulso que aceleró esta decisión radical –apenas tenía 16 años– fue la instauración de la República Popular de China, que tras la segunda guerra mundial reclamó el control de todas las Chinas. El régimen comunista dejó constancia de su intención de tomar el Tíbet. Portentosos y lúgubres presagios habían sacudido otra vez Lhasa. A finales de 1949, un terremoto hizo temblar la región, un cometa atravesó un cielo de color rojo sangre, y el capitel de una de las columnas más antiguas del Potala apareció roto. El significado de la rotura de la columna no pasó inadvertido para los oráculos: había sido erigida para celebrar una victoria sobre China en el año 763; los oráculos profundizaron en sus adivinaciones e insistieron en que el Dalai Lama debía asumir la jefatura del Estado.

La decisión llegó justo a tiempo. El Ejército Popular de Liberación de China atravesó la frontera en octubre de 1950 y logró establecerse en el país. En menos de un año, el 9 de septiembre de 1951, las tropas chinas ya habían entrado en Lhasa. A los pocos meses, sólo en Lhasa, ya habían sido destinados alrededor de 20 000 soldados chinos. La nación estaba a merced de sus nuevos jefes militares.

El Dalai Lama, asumiendo la nueva realidad, entabló negociaciones con los chinos e incluso aceptó una invitación para visitar Pekín y hablar con Mao Tse Tung. Sin embargo, de vuelta a casa, los chinos ya habían avanzado bastante en sus planes de colectivización de la propiedad y de liquidación de la fe religiosa de los tibetanos, que consideraban un signo de atraso y una antítesis de la difusión del comunismo. Los tibetanos resistieron la opresión, y China respondió con castigos brutales, detenciones y encarcelamientos.

Mientras negociaba con China e intentaba mantener la unidad de su pueblo, el Dalai Lama prosiguió con su extensa educación budista. A los seis años comenzó su aprendizaje para vivir según el *dharma* (las enseñanzas de Buda) y convertirse en un maestro. Dedicó largo tiempo al estudio junto a los monjes y profesores más cualificados del reino, pertenecientes a las reputadas universidades de Sera, Drepung y Ganden. A los 24 años terminó la primera fase de duros exámenes, que culminó en 1959 con la obtención del doctorado en filosofía budista, el Geshe Lharampa. Sobre esta experiencia posteriormente escribió en *Mi tierra y mi gente* (1964):

> Por la mañana, unos treinta profesores, uno por uno, me examinaban de *pramana* (lógica). Al mediodía, quince docentes hacían de oponentes en los debates [...]. Por la tarde, treinta y cinco profesores ponían a prueba mis conocimientos de *vinaya* (el patrón de disciplina monástica), y de *abhidharma* (el estudio de la metafísica). Y en cada sesión, cientos de lamas

instruidos, vestidos con sus ropajes rojos y amarillos –mis preocupados tutores figuraban entre ellos– y miles de monjes se sentaban alrededor de nosotros, escuchando con avidez y prestos a polemizar.

En medio de los preparativos para los exámenes finales y mientras la situación política del Tíbet se deterioraba día tras día, el general chino de la zona envió un mensaje en el que invitaba al Dalai Lama para que lo acompañase en una función de teatro que se iba a representar en un campamento militar chino de Lhasa. El mensaje especificaba que debía acudir en solitario. La petición levantó la alarma en la corte. Los intentos chinos de erosionar el fervor popular hacia el Dalai Lama y de socavar la aceptación del budismo en la cultura tibetana habían sido inútiles, y la tensión crecía ante el miedo a que Pekín pudiese ordenar acciones drásticas, como el secuestro del Dalai Lama. Así, lo que en principio era una invitación particular acabó provocando levantamientos generalizados en Lhasa cuando Radio Pekín anunció a bombo y platillo que el Dalai Lama asistiría a la representación teatral.

Y aunque los ministros de la corte planificaron la huida del Dalai Lama, en el amanecer del 10 de marzo de 1959, los tibetanos tomaron las calles en una protesta masiva. Esta moviliza-ción ha sido luego recordada como el Levantamiento Nacional. Entonces, el Dalai Lama, en el interior de su palacio de verano de Norbulingka, se sentó, abatido y triste, tras cerciorarse del cariz de los acontecimientos y escribió: «No podía aprobar la violencia y por eso no podía consentir la actitud violenta que la gente de Lhasa estaba exhibiendo. Podía y pude apreciar el afecto hacia mi persona, como símbolo del Tíbet, una actitud que era la causa inmediata de la ira que demostraban hacia los chinos en ese día fatídico».

Proclamando que querían «liberar» al Dalai Lama de la «cama-rilla revolucionaria», las tropas chinas abrieron fuego de mortero contra la multitud que rodeaba el palacio de Norbulingka. Las relaciones con China estaban destrozadas, y el Dalai Lama sólo tenía una opción: debía escapar del país.

Me habían prestado un uniforme militar y un gorro de piel, y alrededor de las nueve y media me despojé de mi hábito de monje y me vestí con esas ropas. Entonces, con esa indumen-taria tan poco familiar, me dirigí a la sala de plegarias por últi-ma vez. Me senté en mi trono y abrí el libro de las enseñanzas de Buda que guardaba debajo. Lo leí hasta que llegué al pasaje en el que Buda insta a un discípulo a tener valor. Entonces lo cerré, bendije la sala y apagué las luces. Era consciente del ruido de mis pisadas en el suelo de tierra batida y del tictac del reloj rompiendo el silencio.

Se sacó sus gafas para hacer más creíble el disfraz y atravesó la entrada del palacio de Norbulingka «avanzando de forma irreversible hacia la lejana oscuridad por la carretera». El camino le llevó, en una arriesgada travesía por el Himalaya, hacia el Sur, hacia la India. Puesto que se había ido con sus ayudantes más directos, Pekín decidió disolver el Gobierno tibetano y emprendió una despiadada campaña de represalias. El Dalai Lama se instaló en Dharamsala (la India) con la ingente tarea de establecer un gobierno en el exilio, crear recursos para atender a su afligido pueblo y organizar la ayuda internacional.

La huida del Dalai Lama espoleó la fuga de decenas de miles de tibetanos hacia la India y Nepal. La mayoría de supervivientes –muchos fallecieron en las montañas o fueron asesinados a tiros por las tropas chinas cuando intentaban cruzar la frontera– se concentraron en los campos de refugiados, donde el principal medio de subsistencia consistió en aceptar, sobre todo por la presión del constante flujo de refugiados, trabajos en la construcción de carreteras o de edificios. Con la colaboración del Gobierno de la India, el Dalai Lama y sus ministros trataron de mejorar las condiciones de vida de la gente y prepararla para lo que sabían que sería un largo y doloroso exilio. Aparte del suministro de comida y medicinas, una de las principales preocupaciones fue la adopción de las medidas necesarias para preservar la cultura tibetana mientras durase la calamitosa ocupación del Tíbet y el éxodo de muchos de sus habitantes.

Ubicada en las estribaciones del Himalaya, en el distrito de Kangra del estado indio de Himachal Pradesh, Dharamsala se convirtió en la capital del Gobierno tibetano en el exilio y pronto adquirió el sobrenombre de «Pequeña Lhasa». El Dalai Lama abrió oficinas para la Administración del Gobierno, bibliotecas en las que guardar los textos sacados del Tíbet y escuelas. El siguiente paso de los líderes tibetanos fue ocuparse de la creación de comunidades autosuficientes en los lejanos campos de refugiados de la India, Nepal y Bután y en Occidente. Con paciencia y diligencia, los campos devinieron comunidades fructíferas y los tibetanos demostraron ser gente trabajadora y diestros empresarios, que mantenían excelentes relaciones con sus anfitriones indios.

Al mismo tiempo que se reconstruía la sociedad tibetana en el exilio, se hizo un esfuerzo por volver a poner en pie el monacato tibetano, pilar de la vida en el Tíbet durante siglos. El Dalai Lama refundó los grandes monasterios de Drebung, Sera, Ganden y Namgyal (la institución monástica personal del Dalai Lama), que empezaron a impartir clases a los novicios y a expedir títulos en budismo. Actualmente se han instaurado en el exilio más de doscientos monasterios y conventos, además de otras instituciones consagradas a la preservación y fomento de la cultura tibetana: la Casa del Tíbet, la Biblioteca y Archivo de Obras Tibetanas, el Instituto Tibetano de las Artes Escénicas, el Instituto Central de Estudios Superiores Tibetanos, el Instituto de Medicina y Astrología Tibetanas y el Centro Tibetano de las Artes y la Artesanía.

En el terreno político, el Dalai Lama se ha centrado en dos objetivos. Primero, un proceso continuado de reformas y democratización. Segundo, una campaña para atraer el apoyo internacional a su causa nacional.

Las aspiraciones a las reformas auténticas en el Tíbet fueron uno de los legados asumidos por Tenzin Gyatso. Las esperanzas declaradas por su predecesor, el XIII Dalai Lama, de llevar a cabo una significativa mejora social y política nunca pudieron ser abordadas, al quedar aplastadas por el curso de los acontecimientos en el Tíbet. El principal obstáculo, por supuesto, fue la ocupación china y la confiscación y colectivización de las propiedades privadas en el país. Sin embargo, una vez en Dharamsala, el Dalai Lama empezó a actuar rápidamente para plasmar sus sueños. En 1963 promulgó el borrador de una constitución democrática para el Tíbet libre, un acto que sirvió de precedente para subsiguientes cambios.

El Gobierno tibetano en el exilio fue organizado en tres secciones: la ejecutiva (llamada Kashag o Consejo de Ministros), la legislativa (la Asamblea de Diputados del Pueblo Tibetano, ATPD) y la judicial (el Tribunal Supremo de Justicia del Tíbet). Cada sección ha contribuido a las reformas y a la modernización, pero el ritmo del cambio fue acelerado por el Dalai Lama, quien, de forma voluntaria, abolió sus derechos feudales sobre los tibetanos y promovió dos iniciativas decisivas para avanzar en la democratización. En 1990 disolvió la Décima Asamblea y el Kashag, cuyos componentes había designado él mismo, y convocó nuevas elecciones. La Undécima Asamblea (que posteriormente designó a los miembros del Kashag) fue elegida por el sistema, defendido por el Dalai Lama, de «una persona, un voto». Sus cuarenta y seis miembros salieron de unas elecciones libres, y entre ellos había diez representantes de cada una de las tres provincias tradicionales del Tíbet (Amdo,

Kham y U-Tsang), y dos de cada una de las cuatro escuelas del budismo tibetano (Nyingma, Sakya, Kagyu y Gelukpa) y de la religión *bon* (la creencia chamánica indígena del Tíbet). Tres miembros más fueron nombrados por el propio Dalai Lama, quien, en una iniciativa destacable, hizo su elección fuera de las provincias del Tíbet o de los organismos religiosos; dos de ellos representan los intereses tibetanos en Europa y el tercero ejerce de portavoz de los exiliados en Norteamérica. La Asamblea recibió poderes para designar a los miembros del Kashag, que controla los ministerios de Finanzas, Sanidad, Relaciones Internacionales y Educación.

Tras el éxito del proceso electoral, en 1992, el Dalai Lama completó las reformas publicando una declaración política en la que garantizaba que, cuando los tibetanos recobrasen la independencia, no reclamaría su autoridad histórica y política y viviría como un ciudadano más. Además, según el Fuero de los Tibetanos en el Exilio, con la independencia, el Tíbet será un estado libre y democrático que respetará las libertades de expresión, culto y movimiento.

Desde los primeros tiempos en el exilio, el Dalai Lama intentó sacar adelante una negociación pacífica con China que permitiese su retorno al Tíbet y asegurase la autonomía o la independencia de los tibetanos. Aunque el Dalai Lama fracasó en su intento de lograr la adhesión internacional durante su viaje de 1956 a la India, los acontecimientos sangrientos de 1959 y su asombrosa huida a través del Himalaya llamaron la atención de todo el mundo. Al poco tiempo de su llegada a Dharamsala, las Naciones Unidas aprobaron la primera de las tres resoluciones (las otras dos fueron aprobadas en 1961 y 1965, respectivamente)[1] en las que se expresaba la preocupación por la situación de los derechos humanos en el Tíbet y en la que se instaba al «cese de las prácticas que privan al pueblo tibetano de sus derechos y libertades fundamentales, que incluyen el derecho a la autodeterminación».

Con el propósito de consolidar el creciente apoyo internacional a su país y de ir visitando a los tibetanos exiliados por todo el planeta, el Dalai Lama se desplazó por primera vez a Occidente en 1973, cuando realizó una gira por Europa que

---

1. La China comunista no fue reconocida por la ONU hasta la década de los setenta, y su representación recaía en el Gobierno en el exilio de Formosa, posteriormente Taiwan. Este hecho hizo posible las resoluciones a favor del Tíbet, que cesaron cuando el régimen de Pekín fue reconocido y ocupó un puesto en el Consejo de Seguridad. (N. del T.)

incluyó una visita al papa Pablo VI en el Vaticano. Tras esta primera gira, el Dalai Lama emprendió numerosos viajes que lo han llevado a 46 países, entre ellos Israel, México, Suráfrica, Rusia, Canadá y Argentina. Ha sido huésped de la reina Isabel II, del papa Juan Pablo II y de numerosos presidentes y jefes de estado. En 1991 fue el primer extranjero en dirigirse al Parlamento de Lituania, país entonces recién independizado. Visitó por primera vez Estados Unidos en 1979 y actualmente viaja una vez al año a Washington para entrevistarse con los líderes norteamericanos y los miembros de la influyente comunidad protibetana. Su viaje a Norteamérica despertó el entusiasmo de los tibetanos, a quienes les pareció que se cumplía la profecía de Padmasambhava, que data del siglo XVIII:

Cuando los pájaros de hierro vuelen y los caballos hagan girar ruedas, el pueblo tibetano será dispersado como hormigas, y el *dharma* llegará a la tierra de los hombres rojos.

En sus viajes, el Dalai Lama ha continuado solicitando la ayuda internacional para el Tíbet y reclamando un diálogo con China. Para avanzar en el proceso de reconciliación, tomó la iniciativa radical de ofrecer el Plan de paz de los Cinco Puntos, presentado ante el Comité Directivo de Derechos Humanos del Congreso de los Estados Unidos el 21 de septiembre de 1987, donde declaró:

Me gustaría hoy aclarar las principales cuestiones y proponer, en un espíritu de franqueza y conciliación, un primer paso hacia una solución duradera. Espero que ello repercuta en una futura amistad y cooperación con todos nuestros vecinos, incluido el pueblo chino.

El plan de paz consta de cinco puntos básicos:

1. La transformación del conjunto del Tíbet en una zona de paz.

2. El abandono de la política de transferencia de población china, que pone en peligro incluso la existencia del pueblo tibetano.

3. El respeto a las libertades democráticas y los derechos humanos fundamentales de los tibetanos.

4. La restauración y protección del medio ambiente natural del Tíbet y el cese en el uso por parte de China del Tíbet

como centro de producción de armas nucleares y verte-
dero de desechos radiactivos.

5. El inicio de las negociaciones sobre el futuro estatus del
   Tíbet y de las relaciones entre el pueblo chino y tibetano.

Alegando que el plan sólo pretendía ensanchar el abismo existente entre China y el Gobierno tibetano en el exilio, Pekín
rechazó por completo la oferta del Dalai Lama. Más tarde, ese
mismo año, se envió al Gobierno chino un borrador con 14 puntos que desarrollaban aún más el plan. El Dalai Lama todavía
hizo un redactado posterior del plan, el 15 de junio de 1988,
ante el Parlamento Europeo de Estrasburgo, en el que insistía
sobre el punto final: las negociaciones del futuro estatus del
Tíbet. Las nuevas ofertas fueron también recibidas con frialdad
por China, pero los continuos esfuerzos del Dalai Lama le gran-
jearon la simpatía mundial y fueron un factor decisivo para que
fuese honrado con el premio Nobel de la Paz de 1989. El comité sueco declaró en su designación:

> El comité quiere insistir en el hecho de que el Dalai Lama, en
> su lucha por la liberación del Tíbet, se ha opuesto con firmeza al
> uso de la violencia. En su lugar ha abogado por soluciones pací-

ficas, basadas en la tolerancia y el respeto mutuo, con la intención de preservar el patrimonio histórico y cultural de su pueblo.

El Dalai Lama ha desarrollado su filosofía de paz desde el profundo respeto hacia todos los seres vivos y desde el concepto de responsabilidad universal, que abarca tanto a la humanidad como a la naturaleza.

En opinión del comité, el Dalai Lama ha dado un paso adelante, con sus propuestas constructivas y progresistas, en la solución de los conflictos internacionales, los derechos humanos y los problemas medioambientales.

China replicó denunciando al comité por su «injerencia en los asuntos internos chinos». Consecuentemente, Pekín rechazó todos los esfuerzos por entablar las negociaciones, sembrando de obstáculos insalvables el camino e insistiendo en las condiciones previas al diálogo que debería conducir al objetivo final del inalcanzable acuerdo sobre la cuestión tibetana. Pekín también prohibió a los representantes del Dalai Lama que se desplazasen –como era su derecho– para iniciar la búsqueda de la reencarnación del último Panchen Lama.[2]

2. La reencarnación del Panchen Lama reconocida por el Dalai Lama desapareció junto a su familia a la edad de cinco años, en 1993. Entonces fue con-

Todavía defensor de una negociación que ha definido como «vía intermedia», el Dalai Lama ha dado dos pasos aperturistas más. Primero, en un discurso en la Universidad de Yale pronunciado en octubre de 1991, solicitó que se le permitiese ver por sí mismo las condiciones de vida en su país natal. Segundo, dos meses después, pidió poder entrevistarse con el primer ministro chino, Li Peng, durante la visita oficial de éste a la India. Ambas peticiones fueron desestimadas.

Consciente de lo inútil de confeccionar nuevas propuestas, la Asamblea de Diputados del Pueblo Tibetano adoptó una resolución, el 23 de enero de 1992, en la que hacía oficial la posición del Gobierno tibetano según la cual no iban a proponer más iniciativas hasta que China cambiase de actitud.

Los tibetanos, sin embargo, están dispuestos a dar la bienvenida a cualquier iniciativa de la República Popular China. Pese a todas estas frustraciones, el Dalai Lama sigue siendo optimista y en varias ocasiones ha manifestado que está dispuesto a entrevistarse con los representantes chinos en cualquier lugar y

---

siderado el prisionero político más joven de todo el mundo. Aún hoy en día, a principios de 1999, se desconoce su paradero. (*N. del T.*)

momento. Hasta la fecha, China ha hecho oídos sordos a toda posibilidad de diálogo.

Los viajes del Dalai Lama también han convertido al líder tibetano en una de las figuras espirituales más respetadas de la era moderna. A medida que las personas de todo el mundo se acercaban al Lama con curiosidad por conocerlo, pronto se apercibían de la riqueza de su mensaje más allá de la reivindicación por el Tíbet, pues sus enseñanzas también alcanzan cuestiones como la paz, la compasión, la paz interior y el medio ambiente. El Dalai Lama pronto fue considerado un invitado y un conferenciante de lujo, capaz de lanzar con frecuencia deslumbrantes comentarios sobre temas y conflictos globales, y ha sido en buena parte el máximo responsable del incontestable crecimiento de la popularidad del budismo tibetano en Occidente, además de haber ensalzado el aprecio en todo el mundo por la cultura, el arte y la música tibetanas. Sus esfuerzos en nombre de la paz y de la protección del medio ambiente le han procurado numerosos premios, incluidos el Prix de Mémoire de 1989, el premio Palketta, el premio humanitario Albert Schweitzer, la medalla de la Paz, y el premio Raoul Wallenberg a los derechos humanos del Congreso de Estados Unidos en 1989. El congresista estadounidense Tom Lantos observó: «Su valiente lucha ha distinguido a su santidad el Dalai Lama como el más destacado defensor de los derechos humanos y la paz mundial».

En la actualidad, el Dalai Lama continúa viajando a cualquier país donde sea bienvenido y donde sus enseñanzas sobre budismo, derechos humanos y los caminos hacia la paz interior quieran ser escuchadas. Autor prolífico, ha escrito asiduamente sobre el budismo tibetano, pero quizás son más conocidas sus dos autobiografías, *Mi tierra y mi gente* (1964) y *Libertad en el exilio* (1990). Aunque sea un premio Nobel y un líder religioso querido e influyente y, para los tibetanos, la reencarnación viviente del Buda de la Compasión, el Dalai Lama se mantiene en la esencia de su propia definición de sí mismo: «un simple monje budista, nada más, nada menos», que vive en su residencia, una pequeña casa de campo en Dharamsala.

Lecciones de sabiduría del Dalai Lama

Dharma y religión

Palabras de Verdad

¡Oh, budas, *bodhisattvas* y discípulos
del pasado, del presente y del futuro,
que poseéis cualidades destacables
tan inmensas y vastas como el océano,
que sostenéis a los seres desesperados y sensibles
tan incondicionalmente como si fueran vuestros propios hijos!
Rezo para que tengáis en cuenta la justicia de este grito de
   angustia.

Las enseñanzas de Buda eliminan el dolor
de una existencia cíclica y una paz egoísta.
Dejemos que las enseñanzas florezcan, traigan prosperidad y
   felicidad
a lo ancho de este mundo.
¡Oh, depositarios del *dharma*: académicos y practicantes
   conscientes!
dejemos que triunfen las diez prácticas de la virtud.

Los seres humildes están atormentados
por sufrimientos sin fin,
dominados absolutamente
por acciones negativas que parecen intensas y eternas.
Dejemos que sus miedos de guerra intolerable,
de hambruna y enfermedad, sean calmados,
que puedan respirar en libertad en un océano
de felicidad y bienestar.
Y que sobre todo los seres piadosos
del País de las Nieves que, de diversas formas,
son asesinados sin misericordia por las hordas bárbaras,
que pertenecen a la causa de la oscuridad.
Permite que la fuerza de tu compasión,
en nombre de la bondad
alivie el derrame de sangre y lágrimas.

Aquellos que son objeto de compasión, de implacable crueldad,
engañados por los demonios de las emociones,
y que destruyen a los demás y a sí mismos sin remordimientos,
que encuentren el ojo de la sabiduría
aprendiendo lo que se debe hacer y a lo que se debe renunciar,
y que moren en la gloria de la amistad y el amor.

Que el deseo de corazón por la liberación total
del Tíbet
esperada por tan largo tiempo
acontezca espontáneamente.
Rezo porque se garantice la posibilidad de saborear
la alegre celebración de la unión de las leyes espirituales y
   temporales.

¡Oh, Chenrezig protector! Cuida con compasión
de quienes han soportado innumerables pruebas,
sacrificando hasta el extremo sus vidas terrenales,
sus cuerpos y sus riquezas,
en favor de las enseñanzas, los creyentes,
el pueblo y la nación.

Así, Chenrezig protector, reza plegarias ilimitadas
ante los budas y *bodhisattvas*,
para abrazar en toda su extensión el País de las Nieves.
Que los afortunados resultados de sus plegarias acontezcan
   pronto,
a través de la profunda interdependencia de las formas vacuas y
   relativas.

Que unida con la fuerza de la gran compasión,
de las Tres Joyas y de las Palabras de Verdad,
y también con el poder
de la ley infalible de causa y efecto,
esta genuina plegaria se cumpla
y acontezca rápidamente.

–Plegaria escrita por su santidad
el XIV DALAI LAMA en 1960

Budismo

El budismo, con su énfasis en el amor y la compasión universal, impregnado de ideas plenamente pacíficas y no violentas, ofrece una vía, a la vez única y eterna, para la consecución del estado de seguridad y felicidad, que puede reportar un provecho común a hombres y animales. Se puede afirmar, sin miedo a error, que el amor bondadoso y la compasión son las dos piedras angulares que sustentan el edificio del budismo. El daño o la destrucción de la vida están estrictamente prohibidos. Herir o destruir a cualquier ser, ya sea el de mayor o de menor consideración, ya sea un ser humano o el insecto más diminuto, debe evitarse a toda costa. El Bendecido dijo: «No hiráis a los demás. Así como uno se enternece cuando ve a un allegado querido, así debe propagarse el amor bondadoso al resto de criaturas».

–«Amor y compasión»

La línea divisoria entre un budista y un no budista se traza en el hecho de que el primero es alguien que busca cobijo en las Tres Joyas: el Buda, que es el maestro y el objetivo a alcanzar; el *dharma,* o las enseñanzas y el camino que hay que asumir, y la *sanga,*[3] o los que visten las túnicas y los practicantes avanzados del *dharma.* Además, resulta muy importante que la búsqueda del refugio se haga desde la profunda comprensión del significado de cada una de las Tres Joyas. El simple hecho de calificarse uno mismo de budista tiene poco valor: se precisa la experiencia mental de insatisfacción por la existencia mundana y el reconocimiento de que el refugio en las Tres Joyas, junto con la práctica espiritual que este refugio implica, ayudará a trascender este estado mundano del ser. Luego se precisa una firme comprensión de la ley kármica de causa y efecto y emplearse a fondo para crear armonía con ellas.

–Discurso, 1963

3. *Sanga,* aquí explicado de forma retórica, también puede traducirse por «comunidad de practicantes budistas». (*N. del T.*)

Busco refugio en los budas, los seres iluminados por completo, que guían a los otros seres mostrándoles las enseñanzas puras y verdaderas del *dharma,* que es el fruto de la sabiduría suprema derivada de su experiencia directa.

Busco refugio en el *dharma,* que sustenta la plena trascendencia de los sufrimientos y conduce a la felicidad verdadera; pues el *dharma* conlleva la eliminación de toda negatividad y la plenitud de todas las cualidades creativas resultantes de las sanas acciones y pensamientos, que se manifiestan a través del cuerpo, la palabra y la mente.

Busco refugio en la *sanga,* la comunidad suprema, cuyos pies están firmemente asentados en el camino de la iluminación. En ellos deposito mi inquebrantable confianza en la asistencia espiritual que requiero.

–«Meditación tántrica»

El consejo de Buda, dicho de forma somera, fue que evitásemos herir a los demás y, a ser posible, que los ayudásemos. Los demás seres son como nosotros en el sentido de que disfrutan con la felicidad y padecen con el sufrimiento. Si desarrollamos un sentido de respeto hacia los demás y de preocupación por su bienestar, reduciremos nuestro egoísmo, que es el origen de todos los problemas, y reforzaremos nuestro sentido de la benevolencia, que es el origen natural de la bondad.

–Mensaje a Vietnam, 1 de febrero de 1996

El propio Buda predicó cosas diferentes en función del lugar, la ocasión y la situación de quienes le escuchaban. Lo distintivo de la situación contemporánea es que casi todo el abanico de tradiciones budistas que han evolucionado en tierras diferentes son accesibles a quien esté interesado. Especialmente alentador es que las mujeres budistas se estén despojando de sus restricciones tradicionales y desfasadas y se dediquen a practicar y fomentar la práctica budista.

–«Saludo a las mujeres budistas»

La esencia del budismo es la bondad o compasión. Ésta es la esencia común de las religiones, pero en particular del budismo *mahayana* (procurar el bien de todas las criaturas). Creo que esto es muy importante y que cada persona puede cultivarlo aunque no tenga una fe muy desarrollada. Simplemente, por el hecho de ser humanos, valoramos la bondad. De hecho, cuando crecemos lo hacemos en medio de la bondad de nuestros padres, y sin esa bondad no podríamos existir. Esto es cierto y, por eso, aquellos niños que crecen sin el amor de los padres o los que sufren la ruptura de la familia, padecen luego problemas psicológicos.

–Discurso, 1993

Por el hecho de vivir en sociedad debemos compartir los sufrimientos de nuestro prójimo y practicar la compasión y la tolerancia, no sólo hacia él, sino también hacia nuestros enemigos. Ésta es la prueba de nuestra fortaleza y nuestra práctica, y el punto que enfatiza la escuela *mahayana*. No podemos convencer a los demás del valor del *dharma* únicamente con palabras. Sólo podemos si damos ejemplo con nuestra propia práctica. Debemos comprometernos al mismo alto nivel de integridad y sacrificio que exigimos a los demás [...]. El budismo sirve para proporcionar felicidad y paz al hombre y no para convertir a la gente o sacar provecho de ella.

—«El *dharma* de Buda y la sociedad»

Nuestras tradiciones artísticas han sido una fuerza creativa en Asia y a menudo han servido de influencia, patrón y modelo de arte para muchos países. Por medio del intercambio y el aprecio por el arte religioso tibetano, hemos desarrollado una comprensión mutua y nos hemos acercado a otras culturas; ideas importantes que se han fraguado en nuestra religión se han expandido y han arraigado en el Asia Central y más allá. Por ejemplo, sería imposible hablar de las tradiciones budistas en la India, la ruta de la seda del Asia Central, o en China, Corea y Japón, o en áreas del sureste asiático sin hacer referencia a los rituales, ideas y formas artísticas desarrolladas en el Tíbet.

—Discurso, 1995

El budismo es ateo en el sentido de que no acepta un Dios creador. Por el contrario, el budismo postula una vía de autocreación en la que los actos de cada uno crean las situaciones de la vida. Desde esta perspectiva se ha dicho que el budismo no es una religión, sino una ciencia de la mente.

—«Contribución espiritual al progreso social»

Sea cual sea el entorno y sus habitantes, ambos se componen de cuatro o cinco elementos básicos. Son la tierra, el aire, el fuego, el agua y el *vacuum*, o espacio. Sobre el espacio, el tantra *kalachakra* menciona lo que se conoce por *átomo de espacio* o *partículas de espacio*. Esto constituye la fuerza central del fenómeno completo. Cuando evolucionó el sistema entero del universo por primera vez, lo hizo desde su fuerza central, que es la partícula de espacio; igualmente, un sistema de universo acabaría por disolverse en esa partícula de espacio. Por lo tanto, en la base del principio de esos cinco elementos existe una estrecha interrelación o una interrelación entre el hábitat, que es el entorno natural, y los habitantes, que son los seres que viven en su interior. De la misma forma, cuando hablamos de los elementos, algunos existen de forma inherente en el interior de los seres humanos; y existen a diferentes niveles, a veces sutiles, a veces muy nítidos. En última instancia, de acuerdo con las enseñanzas budistas, el único creador es la conciencia interior más sutil, que, a su vez, consta de los cinco elementos en formas muy sutiles. Esos elementos sutiles crean las condiciones para producir los elementos internos que dan forma a los seres vivos, y que, de igual modo, causa la existencia y la evolución de los elementos externos. Así que hay una fuerte interdependencia o interrelación entre el medio ambiente y sus habitantes.

–Discurso, 1996

Si te has convertido al budismo, no puedes considerarte un «gran budista» y, acto seguido, actuar de forma muy distinta. Un proverbio tibetano dice: «Cambia tu mente, pero mantén tu aspecto».

–Discurso, 1984

El budismo contiene verdades relativas y verdades absolutas. Desde el punto de vista de las verdades absolutas, todo lo que sentimos y experimentamos en la vida cotidiana es una ilusión. De todas las ilusiones, la peor es el sentido de diferenciación entre uno mismo y los demás, pues no genera más que antipatía por ambas partes. Si podemos asumir y meditar sobre la verdad última, este proceso limpiará las impurezas de la mente y erradicará este sentido de diferenciación. Este proceso ayudará a crear un amor verdadero entre el uno y los demás. Por lo tanto, será de importancia vital la búsqueda de la verdad última.

–«Las dos verdades»

Las encarnaciones de Buda o de los *bodhisattvas* se manifiestan de forma permanente, no sólo bajo apariencia humana sino también de insectos y otros animales. Que un ser en concreto reciba el título de dalai lama depende de que este proceso resulte o no provechoso. Por ejemplo, mucho antes del I Dalai Lama hubo otras reencarnaciones del *bodhisattva* Avalokiteshvara [...] que no recibieron el título de dalai lama. En realidad, ese título fue atribuido por primera vez al III Lama, Sönam Gyatso. Y luego se rastreó en el pasado para encontrar las dos reencarnaciones previas, que fueron renombradas como I y II Dalai Lama.

–Discurso, 1984

En el Tíbet, debido a las diferencias en el tiempo de traducción de los textos indios y al desarrollo de las sagas de diferentes maestros, crecieron ocho escuelas budistas distintas. Actualmente, cuatro están ampliamente extendidas: Nyingma, Sakya, Kagyu y Gelukpa. En función de sus dogmas, las cuatro serían Madhyamika. En función de sus vehículos, todas serían Bodhisa Hvayana. Por lo demás, las cuatro órdenes son sistemas completos de prácticas de *sutras* y *tantras*, y cada una de ellas contiene las técnicas y la quintaesencia necesarias para que una persona pueda alcanzar el estado de Buda en una sola vida.

–Conferencia en el Instituto Nyingma, 1980

El concepto o filosofía fundamental del budismo es el *crecimiento dependiente*. Cuando cito este concepto me refiero a que las cosas existen en dependencia o que están subordinadas a algo o a alguien. En el caso de los fenómenos físicos se puede especificar que existen en relación a sus partes, mientras que los fenómenos compuestos no físicos serán descritos como existentes en dependencia a su continuidad o a un aspecto de su continuidad.

—«Puntos de encuentro entre ciencia y espiritualidad»

La gente del Tíbet se está instalando en varios países de Asia, de Europa y de Norteamérica. Y dado el creciente interés por el budismo tibetano, ahora más que nunca puede valorarse que el budismo tibetano y la gente del Tíbet pueden desempeñar una función internacional clave entre las culturas del mundo. Siempre he creído que la cultura budista podía hacer contribuciones positivas al resto del mundo, pues enarbola la compasión y, en el caso de la tradición *mahayana*, hace profesión de la no violencia en las diferentes actividades humanas.

—Discurso, 1995

En siglos pasados ha habido muchos maestros de gran sabiduría que han alumbrado diferentes caminos para la consecución de la verdad. Buda[4] es uno de ellos, y estudiando el budismo he acabado formándome la opinión de que, a pesar de las diferencias en los nombres y las formas utilizadas por las religiones, la verdad última a la que hacen referencia es la misma.

—«Las dos verdades»

La riqueza de la cultura tibetana se debe, principalmente, a las enseñanzas de Buda, creo yo. En el centro de las enseñanzas de Buda se halla la igualdad de la humanidad y la importancia de la igualdad de todos los seres vivos. Conocer y entender este punto es importante, se sea budista o no.

—Discurso, 1984

4. En el original, el autor utiliza por primera vez el tratamiento de reverencia *Lord Budha*, traducible por «Señor Buda», pero he preferido mantener en todos los casos *Buda*, para evitar confusiones. *(N. del T.)*

Se sea practicante *mahayana* o *hinayana* (este último se esfuerza por la liberación personal), ambas son formas válidas de las gloriosas enseñanzas de Buda. A veces puede suceder que una persona sin los estudios adecuados, o sin haberse realizado por completo, puede enviar al traste esas doctrinas del Iluminado ante las aparentes contradicciones entre los conceptos del *mahayana* y del *hinayana,* o del *sutra* y del *tantra.* Incluso del *dharma* de Buda se derivan aspectos contradictorios, llamados *preceptos permisivos y prohibitivos,* en la vasta confluencia de su sistema filosófico. Y esto da pie a diferentes y variadas formas de práctica y conducta. Sólo indagando profundamente en esas contradicciones aparentes, tras haberse realizado un estudio profundo y alcanzado un claro entendimiento del conjunto de las enseñanzas de Buda en todos sus aspectos, se puede llegar al conocimiento extenso de los métodos y sistemas de procedimiento y práctica.

—«La combinación de los Tres Vehículos»

La compasiva y no violenta cultura budista tiene mucho que ofrecer al resto del mundo y especialmente a China y al pueblo chino, para quienes el budismo no es una religión ajena.

–Discurso, 1995

El budismo es una de las muchas religiones que nos enseñan a ser menos egoístas y más compasivos. Nos enseña a ser humanos, altruistas y a pensar en los demás del mismo modo que pensamos en nosotros. Los pensamientos y acciones cotidianos deben orientarse hacia el provecho de los demás. La escuela *mahayana* hace énfasis en el autosacrificio y el desarrollo del altruismo, mientras que la *hinayana* nos enseña la importancia de no herir a los demás. Por lo tanto, la práctica del budismo consiste, en esencia, en evitar causar daño a los demás en cualquier circunstancia y en ayudarles en la medida de lo posible.

–«El *dharma* de Buda y la sociedad»

Me gustaría distinguir entre la esencia del budismo y el apartado cultural del budismo tibetano. La parte esencial viene a ser, más o menos, la misma en cualquier lugar, mientras que la manifestación cultural puede diferir de un país a otro. Así creo que una sociedad occidental no puede adaptar con éxito el budismo si el occidental practica un budismo tibetano en su forma íntegra, tal y como la practican los tibetanos. Resultará más positivo extraer la esencia y adaptarla a las condiciones existentes.

–Discurso, 1986

Lo importante es eliminar la causa del sufrimiento y abrazar la causa de la felicidad. Sin embargo, para alcanzar cualquier tipo de felicidad duradera, debemos sumar con diligencia sus causas, y para eliminar el sufrimiento, debemos servirnos de los medios apropiados para prevenir la aparición de sus causas. Estos dos propósitos sólo pueden conseguirse con el pleno reconocimiento de las auténticas causas de la alegría y de la pena. Y en ambos casos resultará útil postrarse y encomendarse a la confianza suprema en el *dharma* de Buda, una confianza que supera cualquier prueba analítica que se realice en nombre de la razón y de la investigación.

—«Meditación tántrica»

En todo el budismo, y especialmente en el *mahayana,* se hace hincapié en el provecho de los demás. En este sentido, Shantideva [un santo budista del siglo XVIII] dice en la obra *Aventurarse en los actos de un bodhisattva*: «Primero, investiga lo que es aceptable y lo que es inaceptable para las personas (de la sociedad en que uno vive); luego, evita lo que es inaceptable». Por supuesto, primero se debe considerar si lo aceptable y lo inaceptable entrarían en contradicción con el *dharma.* Si la norma social no contradice el *dharma,* debes vivir según ella.

—Discurso, 1984

No me preocupa convertir a la gente al budismo. Me preocupa cómo los budistas podemos contribuir a la sociedad humana.

Buda nos dio un ejemplo de contención y tolerancia mediante el servicio altruista no egoísta. Creo que sus enseñanzas y ejemplos todavía pueden contribuir a la paz global y a la felicidad individual.

–«Saludo a las mujeres budistas»

En el ámbito del budismo, al menos del budismo *mahayana*, el Dalai Lama no pertenece sólo al Tíbet sino también a cualquier lugar donde se practique. Al igual que el Papa de los católicos, la nacionalidad personal del Dalai Lama no tiene mucha importancia. De alguna manera, la institución pertenece a todos. En tiempos remotos, los mongoles y un gran número de chinos adoptaron al Dalai Lama como líder. No importa que el Dalai Lama no sea ni chino ni mongol.

–Discurso, 1984

Uno llega a ser un *bodhisattva* cuando su mente rebosa la compasión pura y la ecuanimidad que proceden de la mente *bodhi*. Así como todo lo que hacemos en nuestra vida cotidiana es el resultado del funcionamiento de nuestra mente, la paz última y el estado de Buda son el resultado de la mente *bodhi* y de la compasión. Buda dijo: «La mente *bodhi* es la semilla del *dharma* [las enseñanzas]».

–«Amor y compasión»

En el budismo existen tres categorías: el *hinayana* o vehículo inferior, el *mahayana* o vehículo superior, y el *tantrayana*. Los seguidores del *hinayana* miran por su propia salvación, mientras que los del *mahayana* buscan la liberación o salvación de todos los seres vivos. En ambos casos, la diferencia se halla en la motivación. Naturalmente, cuanto antes se piense en los demás, más pronto prevalecerá la compasión.

–Discurso, 1986

Medita sobre las causas de nuestro sufrimiento, que son el karma negativo y lo ilusorio. De las dos, lo ilusorio es el principal enemigo, pues son los engaños los que activan el karma negativo y llevan la miseria a todo ser vivo. Esos engaños o corrupciones mentales que causan los daños más espantosos son los verdaderos enemigos de todo ser vivo.

—«Meditación tántrica»

Un cristiano puede aprender ciertos métodos budistas. De hecho hay algunos occidentales que incorporan métodos o técnicas a sus prácticas para mejorar su grandeza mental. Luego hay occidentales que siguen integrados en su sociedad pero profesan el budismo, sobre todo el budismo tibetano. Pienso que, de sus experiencias, aprenderemos qué contribución hace el budismo tibetano a la sociedad occidental.

—Discurso, 1986

En el credo cristiano, el sufrimiento tiene un significado poderoso, ¿no? Por ejemplo, Jesús asumió el sufrimiento. Ahora se entiende que lo hizo no en el sentido habitual, sino de una manera muy significativa. En la tradición budista tenemos todo el derecho de evitar, de superar el sufrimiento, pero cuando éste se produce, entonces, en lugar de desanimarnos o desalentarnos mentalmente, debemos aprovechar la ocasión de forma que logremos minimizar la perturbación mental y, a largo plazo, desarrollemos un tipo de motivación que nos ayude a ser más virtuosos.

–Discurso, 1985

En esa mente suprema que brilla en todos los seres,
llevando ayuda y beneficio a todo ser vivo,
me lleno de alegría con la veneración suprema,
me lleno de gozo en el pensamiento de la iluminación
   y el *dharma*,

ese océano de felicidad para cada ser vivo
en donde estriba el bienestar de todas las vidas.

–«Meditación tántrica»

El budismo es una filosofía muy perfeccionada que hace gran
hincapié en la racionalidad. En este sentido, su sensibilidad y
sus perspectivas son muy modernas. He aquí una base para la
cooperación y el diálogo con las ciencias occidentales. Cada
religión tiene su propio carácter y ambiente. Yo respeto sinceramente el cristianismo y la contribución que ha hecho y sigue
haciendo a la civilización mundial. Pero ninguna religión resulta
apropiada para todas las personas. Así como el budismo no es la
mejor para todos, tampoco el cristianismo es adecuado a todo
tipo de maneras de ser.

–Discurso, 1986

A todos nos gusta hablar sobre la tranquilidad y la paz, ya sea en un contexto familiar, nacional o internacional; pero, sin paz mental, ¿cómo podemos lograr una paz real? La paz mundial por medio del odio y la fuerza es imposible. Incluso para los individuos no existe la posibilidad de sentir la felicidad a través de la ira. Si en una situación difícil alguien se siente molesto en su interior, abrumado por el desasosiego mental, los factores externos serán vanos. Sin embargo, si, pese a las dificultades o problemas externos, la actitud interna de uno rezuma amor, candidez y bondad, entonces los problemas se podrán afrontar y aceptar fácilmente.

–«Compasión en la política global»

El progreso material no basta para conseguir una sociedad ideal. Incluso en los países donde se ha registrado un gran progreso externo, los problemas mentales han aumentado y han dado lugar a dificultades añadidas. Por muchas leyes o coerciones que se apliquen, no se podrá conseguir el bienestar de la sociedad, pues esto depende de la actitud interna de las personas que la integran.

–Discurso, 1981

En nuestro fuero interno, todos valoramos la tranquilidad. Por ejemplo, cuando llega la primavera, los días se hacen largos, hay más horas de sol, la hierba y los árboles reverdecen y la naturaleza rezuma frescor. La gente se siente feliz. En otoño cae una hoja, luego otra y pronto mueren las flores preciosas hasta que nos hallamos rodeados de plantas desnudas. Entonces no nos sentimos tan alegres. ¿Por qué? Porque en el fondo deseamos el crecimiento constructivo y fructífero y nos desagradan las cosas que se colapsan, mueren o se destruyen. Toda acción destructiva choca contra nuestra naturaleza esencial: construir, ser constructivos, es la opción humana.

–«Responsabilidad universal y ecología global»

Por muy cómodos que sean los condicionantes físicos, nunca obtendremos placer, excepto si nuestra mente goza de calma y estabilidad.

Por lo tanto, la clave para una vida feliz, ahora y en el futuro, consiste en desarrollar una mente feliz.

—«La verdadera expresión de la no violencia es la compasión»

Si porfiamos hasta que realmente seamos una fuente de felicidad permanente, entonces habrá, entre la gente dotada de poder, salud y amistad, personas bendecidas con una gran dosis de felicidad real y duradera. Pero en verdad, aunque haya diferencias relativas en la cantidad y la intensidad de la felicidad de que se disfruta, cada uno, ya sea gobernante, guerrero, rico, pobre o de clase media, está sujeto a todo tipo de sufrimiento mental y físico y especialmente a los tormentos de la mente.

—«Meditación tántrica»

En la vida cotidiana, si en tu mente cobijas buenas cualidades como la compasión, el perdón espiritual o la amplitud de miras, entonces, al margen de las circunstancias, aun cuando te acechen actitudes hostiles, los factores externos no perturbarán la paz interior de tu mente. Por otra parte, si un día tienes malos sentimientos u odio, entonces, al margen de las buenas disposiciones o de los amigos que te acompañen, ese día no serás feliz. Así, por lo tanto, la actitud mental o interior es, en mi opinión, el principal factor de felicidad e infelicidad.

–Discurso, 1995

La iniciativa para cualquier cambio o maniobra en la comunidad humana debe proceder de los individuos. Así, si un individuo se vuelve una persona pacífica, tranquila y agradable, automáticamente generará algún tipo de atmósfera positiva y podrá tener una familia feliz. Toda vez que los padres sean bondadosos, apacibles y tranquilos, sus hijos podrán acabar desarrollando ese tipo de comportamiento. Por lo tanto, creo que el individuo, el ser humano feliz, es sumamente importante.

—«La compasión, base de la felicidad humana»

La disciplina y el control son esenciales para lograr una mente más dócil. La palabra y las actividades corporales que acompañan a los procesos mentales no pueden irrumpir de forma aleatoria, arbitraria o repentina. Así como un domador disciplina y domestica a un corcel salvaje y testarudo sometiéndole a un adiestramiento continuado y riguroso, así debemos atemperar nuestras actividades corporales y las palabras, para que de salvajes, aleatorias y errantes se conviertan en dóciles, apropiadas y virtuosas. Por ello, las enseñanzas de Buda comprenden tres categorías o grados: *shila* (adiestramiento de la conducta superior), *samadhi* (entrenamiento en la meditación superior) y *prajna* (adiestramiento en la sabiduría superior), y las tres sirven para disciplinar la mente.

—«Felicidad, karma y mente»

Si la ira y el odio dominan nuestra vida, incluso nuestra salud física se deteriorará.

—«La verdadera expresión de la no violencia es la compasión»

Los seres humanos tenemos un cerebro desarrollado y un potencial ilimitado. Puesto que incluso los animales salvajes pueden ser adiestrados gradualmente con paciencia, la mente humana también puede ser entrenada gradualmente, paso a paso.

Si practicas con paciencia, podrás notarlo en tu propia experiencia. Si alguien que se enfada con facilidad intenta controlar su ira, lo habrá conseguido al cabo de un tiempo. Lo mismo vale para las personas muy egoístas; en primer lugar, esa persona deberá asumir los perjuicios de una motivación egoísta y los provechos de ser menos egoísta. Habiéndose dado cuenta de ello, se empieza el entrenamiento, intentando controlar la parte negativa y desarrollando la positiva.

—Discurso, 1980

Creo que el principal propósito de la vida es ser feliz. Desde su nacimiento, cada ser humano busca la felicidad y rechaza el sufrimiento. Eso es inalterable, al margen de las condiciones sociales, la educación o la ideología. Desde lo más profundo de nuestro ser deseamos simplemente sentir contento. Por lo tanto, será importante descubrir qué nos aportará el grado supremo de felicidad. De aquí que debamos dedicar nuestros mayores esfuerzos a la paz mental.

—«Desarme, paz y compasión»

Tratamos de obtener la paz o la felicidad desde el exterior, por medio del dinero o el poder. Pero la paz real, la tranquilidad, vienen de la mente.

—Discurso, 1984

En las grandes cuestiones globales, como la conservación del medio ambiente y, por extensión, todos los problemas, el factor clave es la mente humana. Ya se trate de problemas de economía, de relaciones internacionales, de ciencia, de tecnología, de medicina o de ecología, aunque esas cuestiones parezcan superar la capacidad individual, donde empieza el problema y donde debe buscarse primero la solución es en el interior. Para cambiar las condiciones externas primero debemos cambiar nosotros mismos. Si queremos crear un jardín bonito, deberemos desarrollar en nuestra mente un proyecto previo. Luego, esa idea podrá ser convertida en un jardín externo.

—«Cuidando a la Tierra»

El día a día, sobre todo del futuro, del futuro a largo plazo, depende de la esperanza. No hay más garantías en el futuro que las que alimenta la esperanza. La esperanza es algo bueno. Nadie tiene esperanzas de algo malo. Por lo tanto, el principal objetivo de nuestra vida es la felicidad: días felices, semanas felices, una familia feliz, una comunidad humana feliz. Puesto que la actitud mental es un factor primordial, pienso que debemos prestar más atención al desarrollo interno.

–Discurso, 1995

Espero que reflexionéis sobre los argumentos que he citado más arriba. Y si pensáis que cobijan algún provecho, por favor, aplicadlos a vuestra vida cotidiana. Si los probáis y no halláis resultado, olvidadlos. No pasa nada. Las personas que consideren que esos argumentos no tienen sentido o no significan nada, también pueden olvidarlos. No pasa nada. Pero si sentís que tienen algo, experimentadlos. Eso es importante. Las cosas positivas no vienen de forma natural. Para lo positivo debemos hacer un esfuerzo. Debemos esforzarnos. Nadie puede hacerlo por nosotros. Así que cada uno debe esperanzarse por un futuro más feliz, un futuro mejor, si ése es nuestro deseo. La generación presente debe hacer ese esfuerzo. Es nuestra responsabilidad.

–Discurso, 1995

Ahora quisiera compartir mi experiencia. El factor fundamental para la paz mental es, en mi opinión –y sabiendo que, por supuesto, existen otros factores y otras cualidades–, la compasión humana, el cariño y el sentimiento de que alguien te importa. Dejadme explicar qué significa la compasión. Normalmente, el concepto *compasión* o *amor* es algo parecido a la proximidad que nos une a los amigos. Y también, a veces, la compasión implica un sentimiento de lástima. Falso. La compasión o el amor de alguien que mira por encima del hombro a otro no son genuinos. La compasión genuina se inspira en el respeto, y en la asunción y el reconocimiento de que los demás, al igual que uno, tienen derecho a ser felices y a eludir el sufrimiento. Y aún así persistirá el sufrimiento. Debemos desarrollar algún tipo de preocupación genuina, un sentido real de preocupación.

–«La compasión, base de la felicidad humana»

La tranquilidad mental procede del desarrollo del amor y la compasión. Cuanto más cuidemos de la felicidad del prójimo, de mayor bienestar gozaremos. El cultivo de un íntimo sentimiento de bondad por los demás alivia la mente de forma automática y abre nuestra puerta interior; ayuda a eliminar cualquier miedo o inseguridad que tengamos y nos da fuerzas para afrontar los obstáculos que podamos encontrar. Es nuestra principal fuente de éxito en la vida. Puesto que no somos meras criaturas físicas, sería un error depositar nuestras esperanzas de felicidad en el desarrollo exterior. En su lugar, debemos tener en cuenta nuestra naturaleza y orígenes para descubrir aquello que nos hace falta.

—«Desarme, paz y compasión»

Uno se pregunta si realmente podemos cambiar nuestras mentes. O si podemos desarrollar esa mente positiva o si podemos atemperar una negativa. La respuesta es, sin duda, sí, y la razón es muy simple: la mente no tiene forma; incluso la materia física parece una especie de masa de goma difícil de controlar, ¿no? Es flexible, incluso demasiado flexible. La mente también parece, a todas luces, difícil de controlar. Pero, al mismo tiempo, si se hace un esfuerzo constante, conforme pase el tiempo, se percibirá un cambio.

–Discurso, 1995

Existen dos tipos de satisfacción o felicidad: una, sobre todo, a través de la paz mental; la otra sería la del *confort* físico. Así, obviamente, el desarrollo material brinda *confort* físico y, a través de ello, se puede ver o conseguir algún tipo de satisfacción mental [...]. La satisfacción mental proviene en esencia de la actitud mental. De las dos, la satisfacción mental –que procede de la actitud mental en estado puro–, es más fuerte, es superior. Por lo tanto, no hay motivo para obviar esa parte de nuestra experiencia.

–«La necesidad de equilibrio entre los
valores espirituales y materiales»

Cuando nos referimos al mundo interior, hay muchos pensamientos y mentalidades diferentes. Entre los centenares de pensamientos hallamos algunos muy útiles, muy positivos. Otros son negativos. La definición o delimitación de *positivo* o *negativo* se deduce de si esos pensamientos y acciones reportan, en última instancia, felicidad. En ese caso son positivos. Son negativos cuando esos pensamientos y acciones traen, al final, sufrimiento. Nada más. Por lo tanto, las diferentes mentalidades o pensamientos son positivos o negativos. Así, resulta muy útil analizar estas diferentes mentalidades o pensamientos. Por medio del esfuerzo, o examinando los acontecimientos menos confusos, podemos distinguir entre lo útil y lo dañino. Luego, mediante el adiestramiento mental, podemos incrementar los pensamientos positivos y reducir los negativos. Os digo con toda mi convicción que, mediante el esfuerzo, podemos cambiar nuestra actitud mental.

–Discurso, 1995

La paz mental no puede inyectarla un médico; ningún mercado puede vender paz mental o felicidad. Con millones y millones de rupias[5] se puede comprar cualquier cosa, pero si se va a un supermercado y se pide paz mental, el dependiente se reirá. Si se pide a un doctor una auténtica paz mental, no una paz superficial, nos recetará un somnífero o una inyección; y aunque con ello nos calmásemos, nuestra calma no sería la apropiada. Si se quiere la paz mental genuina o la tranquilidad mental, el médico será incapaz de proporcionarla. Una máquina como un ordenador, por muy avanzada que sea, tampoco aportará paz mental.

–Discurso, 1996

Cuando la gente sea plenamente consciente de mantener su salud física controlando la dieta, haciendo ejercicio y otras cosas por el estilo, también tendrá sentido intentar cultivar las correspondientes actitudes mentales.

–«La verdadera expresión de la no violencia es la compasión»

5. Moneda oficial de la India. (*N. del T.*)

Nuestro objetivo es la felicidad. Creo que el auténtico propósito de nuestra vida es la felicidad. Creamos o no en las vidas anteriores, creamos o no en las vidas posteriores, el verdadero significado de la existencia de la vida presente viene dado por la felicidad.

–Discurso, 1995

Es más fácil meditar que hacer cosas por los demás. A veces presiento que dedicarse meramente a la meditación sobre la compasión significa adoptar la opción pasiva. Nuestra meditación debe ser la base de nuestra actuación y constituir la oportunidad para hacer algo.

La motivación del meditador, su sentido de responsabilidad universal, debe expresarse con hechos.

–«La verdadera expresión de la no violencia es la compasión»

La paz mental debe surgir de la mente. Pues todo ser desea el placer o la felicidad. Si comparamos el placer y el dolor físicos con el sufrimiento o el placer de la mente, concluiremos que los de la mente son superiores, más efectivos y predominantes. Por lo tanto, vale la pena aumentar la paz mental por medio de ciertos métodos. Para lograrlo será importante conocer más sobre la mente. Eso es muy importante. Creo que lo es todo.

–Discurso, 1996

La bondad del alma

Estamos necesitados de cualidades humanas como los escrúpulos morales, la compasión y la humildad. Partiendo de la fragilidad y debilidad humana, esas cualidades solamente serán alcanzables por medio del desarrollo individual continuo en un entorno social propicio. Así, un mundo más humano es uno de los objetivos últimos. La autorrealización que impulsa el materialismo no fomenta el crecimiento de la moralidad, la compasión y la humildad, que deberían brotar de forma innata. La importancia funcional de las instituciones religiosas y sociales en el fomento de esas cualidades resulta crucial y entraña una enorme responsabilidad: todos los esfuerzos deberían concentrarse de forma sincera en esas carencias.

—*«Dharma* y política»

El desarrollo de un alma bondadosa o de una sensación de proximidad con todos los seres humanos no presupone la práctica religiosa, tal y como solemos asociarla. Ese desarrollo no sólo sirve a los creyentes: sirve a todos y cada uno, sin distinción de raza, religión o filiación política. Sirve para cualquiera que se considere a sí mismo, antes que nada, un miembro de la familia humana y que observe la realidad desde una amplia perspectiva.

–Discurso, 1973

Soy una persona religiosa y, desde mi punto de vista, todas las cosas se originan en la mente. La realidad y los acontecimientos dependen en buena parte de la motivación. Un sentimiento real de aprecio, de compasión y de amor por la humanidad será clave. Si desarrollamos un alma bondadosa, ya sea en el terreno de la ciencia, la agricultura o la política, los resultados serán mejores porque la motivación es lo más importante. En la vida cotidiana, un buen corazón es tan importante como efectivo. Si los miembros de una familia, por pequeña que sea, incluso sin hijos, son bondadosos los unos con los otros, la atmósfera resultante será positiva. Sin embargo, si una de esas personas se siente airada, inmediatamente habrá un ambiente tenso. Aunque no falte una buena comida o un fantástico televisor, faltará la paz y la tranquilidad.

–«Compasión en la política global»

Una vez la motivación sea pura y sincera, el resto vendrá solo. La actitud correcta hacia los demás se puede desarrollar gracias a la bondad, el amor y el respeto y a la clara asunción de la unicidad de los seres humanos. Esto es importante porque los demás se beneficiarán de nuestra motivación en la misma medida en que lo hagamos nosotros. Luego, con el corazón purificado, se puede sacar adelante cualquier trabajo [...] y nuestra profesión devendrá un instrumento real de ayuda a la comunidad humana.

–Discurso, 1984

Para consolidar el crecimiento de forma adecuada deberemos renovar el compromiso con los valores humanos en varios ámbitos. La vida política, por supuesto, requiere unos fundamentos éticos, pero la ciencia y la religión también deben consolidarse sobre la base de la moral. Sin ella, los científicos no podrán distinguir entre las tecnologías beneficiosas y las que simplemente son oportunistas.

—«Responsabilidad universal y ecología global»

Creo que la felicidad surge de la bondad. La felicidad no puede derivar del odio o la ira. Nadie puede decir: «Soy feliz porque esta mañana estaba muy enfadado». Por el contrario, las personas se incomodan, se entristecen y dicen: «Hoy no me siento muy bien porque esta mañana me he enfadado». Es un proceso natural. La bondad, ya sea en el ámbito individual, nacional o internacional, a través de la comprensión y el respeto mutuos, nos reportará la paz, la felicidad y una satisfacción genuina. Resulta muy complicado alcanzar la paz y la armonía por medio de la competitividad y el odio. La práctica de la bondad es muy, muy importante, y muy, muy valiosa para la sociedad humana.

—Discurso, 1963

Para aumentar la sensación de protección de los demás resultará fundamental, en primer lugar, pensar en el error de cuidar de nosotros mismos y en las buenas cualidades que implica el preocuparse por los demás. Si miramos por el prójimo, entonces, ambos, el prójimo y nosotros mismos, seremos felices tanto por fuera como por dentro. Ya sea en términos de familia o de la familia de todas las naciones del mundo, si hacemos de la protección del prójimo la base de nuestros actos, nuestro esfuerzo común tendrá éxito.

–Discurso, 1982

Una mente positiva, un alma bondadosa y unos sentimientos compasivos: estas cualidades son relevantes. Si uno no dispone de una mente positiva, no funcionará. No será feliz ni tampoco hará feliz a su familia, a su pareja, a sus hijos o a sus vecinos. Y así sucesivamente, nadie será feliz.

–Discurso, 1981

La concomitancia con una sólida ética moral resulta tan crucial para un político como lo es para un hombre religioso, pues las consecuencias peligrosas que traen los políticos y los gobernantes que marginan sus principios morales y convicciones son previsibles. Independientemente de que seamos creyentes o agnósticos, que creamos en un Dios o en el karma, la ética moral es un código de uso para cualquiera.

–«*Dharma* y política»

Y así, si de nación en nación y de continente en continente las conciencias son perturbadas, las personas acabarán perdiendo la felicidad. En cambio, si por el contrario existe una buena predisposición, una bondad de corazón, entonces el resultado será el inverso.

–Discurso, 1981

La motivación o la determinación dan el primer impulso a la acción de los hombres. En primer lugar, la motivación debe ser sencilla y sincera. Que logremos o no el objetivo no importará tanto como que la motivación sea sincera y nos hayamos esforzado. A fin de cuentas, incluso si fracasamos, no nos sabrá mal haber realizado ese esfuerzo. Si la motivación no ha sido sincera, por mucho que logremos el objetivo, no habrá ni felicidad ni satisfacción plena. Así, pues, la motivación es muy importante.

−«Responsabilidad universal y ecología mental»

La mayoría de los efectos provechosos o positivos del mundo se basan en una actitud de protección hacia el prójimo. Lo opuesto también es cierto. Cuando cuidamos más de nosotros mismos que de los demás, causamos diferentes tipos de sufrimiento, en lo externo y en lo interno, tanto a nosotros como a aquellos que nos rodean. Por lo tanto, en la raíz de esa bondad debe haber un esfuerzo; es decir, cuanta más bondad, mayor gozo.

−Discurso, 1982

Mostrar preocupación por el bienestar de la gente, compartir el sufrimiento ajeno y ayudar a los demás, en última instancia, arrojará dividendos. Si sólo se piensa en uno mismo y se olvida a los demás, en última instancia sólo habrá pérdidas. Como en las leyes naturales. Creo que es muy simple. Si no muestras una sonrisa al resto de la gente y presentas una cara triste o enfadada, los demás reaccionarán de forma similar. O sea que es una lógica muy simple. A todos nos gustan los amigos y nos desagradan los enemigos. Los amigos se hacen con bondad y no mediante dinero o poder. Las amistades por dinero o de poder son diferentes. No son amistades. Un amigo auténtico debe ser realmente un amigo del alma, ¿no? Le digo a la gente que esos amigos que aparecen cuando uno tiene dinero y poder no son auténticos, sino amistades por dinero o poder. Porque tan pronto como pierdas tu dinero o tu influencia, esos amigos desaparecerán rápidamente. Son amigos de poco fiar.

–Discurso, 1996

Habitualmente, la bondad fluye entre los miembros de una familia. Esa bondad se traduce en afecto. Por esta razón, cuando aquel a quien compadeces cambia de actitud y se vuelve más duro, cambian también tus sentimientos. Este tipo de compasión o amor no es el correcto. Por lo tanto, será necesario adiestrar desde el principio buenas actitudes.

–Discurso, 1981

Así que, cualquier acción humana, sea su resultado positivo o negativo, depende en buena medida de la motivación. Si la motivación es sincera, entonces cada acto, incluso los políticos, pueden ser positivos. Si la motivación no es la adecuada, no es pura, incluso la religión puede ser calumniada. Por lo tanto, los actos dependen en última instancia de la motivación apropiada. En mi opinión, la determinación inquebrantable, basada en un sentido de hermandad auténtico o de responsabilidad universal inspirada en la compasión humana, es el factor relevante. Éste es el enfoque mental adecuado, aunque el objetivo no sea fácil de alcanzar de este modo; puede implicar tiempo y estar salpicado de obstáculos. Es una actitud que hay que adoptar ya desde el principio.

–«Responsabilidad universal y ecología mental»

No vale la pena mencionar la gran diferencia entre la satisfacción que genera la felicidad de un ser y la enorme satisfacción que genera un número infinito de personas felices.

–Discurso, 1980

Por desgracia, el mundo no es puro: hay muchas fuerzas negativas. Durante treinta y tres años les he estado diciendo a mis queridos tibetanos que debemos esperar lo mejor y, al mismo tiempo, estar preparados con optimismo para lo peor. Una actitud optimista constituye la clave del éxito. Si desde el principio se alberga una actitud negativa, incluso las pequeñas cosas serán esquivas. Por lo tanto, mantenerse optimista de forma permanente es muy importante.

–«Responsabilidad universal y ecología mental»

Cuando se es bondadoso con la esperanza de obtener una recompensa, ya sea para labrarse una buena reputación o granjearse el aprecio de los demás, la motivación es egoísta y entonces esa actitud es impropia de un *bodhisattva*. Por lo tanto, hay que dar sólo por el hecho de ayudar a los demás.

–Discurso, 1983

A veces nos obcecamos en aspectos secundarios, como las diferencias entre los sistemas políticos o económicos o entre las razas. Y en nombre de esas diferencias se toleran muchas discriminaciones. Pero, a modo de contraste, el bienestar humano básico no depende de estos aspectos. Por eso siempre intento comprender las valores humanos reales. Todas las filosofías y religiones diferentes sirven, supuestamente, a la felicidad humana. Pero algo no funciona cuando se pone demasiado hincapié en esos aspectos secundarios, en esas diferencias entre sistemas que se supone que deberían servir a la felicidad humana.

–Discurso, 1981

Resulta necesario distinguir entre enemigos externos e internos. Los externos no son de carácter permanente. Si los respetas, estos enemigos acabarán siendo tus amigos. Pero hay un enemigo que siempre lo será, con el que nunca llegarás a un compromiso: se trata del enemigo que vive en tu alma. Y ahí no puedes hacer de esos malos sentimientos un amigo, sino que debes enfrentarte a ellos y controlarlos.

–Discurso, 1992

Si deseas tener más amistades y respirar un ambiente amistoso, debes crear las condiciones para ello. Sea la respuesta de los otros positiva o no, primero debes abonar un terreno común. Luego, si la respuesta continúa siendo negativa, actuarás en consecuencia. Pero, antes que nada, ten por seguro que debes crear las condiciones para que se produzcan reacciones amistosas.

—«La compasión, base de la felicidad humana»

Por encima de todo, debemos anteponer en nuestra mente la figura del prójimo de manera constante: el yo debe figurar en último lugar. Los actos y pensamientos deben estar motivados por la compasión hacia los demás. La fórmula para incorporar esta actitud consiste en aceptar el simple hecho de que todo aquello que deseamos también lo desean los demás.

—Discurso, 1973

Una existencia pacífica significa confiar en aquellos de quienes dependemos y en cuidar de aquellos que dependen de nosotros. Aunque sólo unos cuantos traten de crear paz mental y felicidad interior y actúen coherente y bondadosamente hacia los demás, su comunidad ya recibirá una influencia positiva.

–Discurso, 1994

Todo ser aspira a la felicidad, no al sufrimiento. Si nos orientamos por intereses egocéntricos e intentamos servirnos de los demás para nuestros fines, podremos obtener beneficios temporales, pero, a largo plazo, fracasaremos en el objetivo de alcanzar nuestra felicidad personal y será imposible toda esperanza para una vida venidera.

–Discurso, 1992

La razón por la que queremos comportarnos bondadosamente es que los frutos apetecibles derivan del buen comportamiento.

Así, la razón básica de ello se halla en el deseo de felicidad, no de sufrimiento, y en función de eso se intentan hacer buenas acciones y evitar las malas. La bondad y la maldad de los resultados determinan la bondad o la maldad de los actos.

—Discurso, 1981

Buda demostró que purificar la mente no es tarea fácil. Requiere mucho tiempo y mucho trabajo. Pero eso es válido para cualquier empresa humana. Se necesita una voluntad enorme y poderosa y una determinación desde el principio, para aceptar que habrá muchos obstáculos y concluir que, a pesar de ellos, hay que continuar hasta alcanzar el objetivo.

—«Saludo a las mujeres budistas»

La humildad hace aumentar las buenas cualidades. El orgullo lleva a sentir celos de los demás, a enfadarse con los demás y a mirarlos por encima del hombro. Y, a causa de ello, la sociedad será infeliz.

–Discurso, 1981

En tanto que seres humanos, tenemos buenas y malas cualidades. La ira, el apego, los celos y el odio son las malas. Son el enemigo real. Este enemigo, que causa todos los problemas, lo llevamos dentro. Mientras las malas cualidades sigan activas y perduren, será difícil alcanzar la paz mental [...]. Mi consejo o sugerencia es muy simple: hay que tener un alma sincera.

–Discurso, 1994

Para un ser humano, la bondad y los buenos sentimientos son importantes [...]. Si uno posee esa cualidad básica de la bondad o de las buenas intenciones, entonces, cosas como la educación o la destreza se encaminarán en la dirección correcta. Con malas intenciones, el conocimiento y la capacidad errarán su dirección: en lugar de ayudar a los demás, crearán problemas.

–Discurso, 1993

Seamos ricos o pobres, cultos o iletrados, sea cual sea nuestra nacionalidad, color, posición social o ideología, el propósito de nuestras vidas es ser felices.

–«La verdadera expresión de la no violencia es la compasión»

Cada hombre contiene la semilla del bien. Y también se encuentra en los animales, desde los más grandes hasta los insectos. Por ejemplo, se puede apreciar cuando tratamos a un perro o a un caballo con cariño.

–Discurso, 1992

Si no hay nadie que pueda resistir el sufrimiento, ¿qué necesidad existe de decir que todos los demás pueden? Por lo tanto, sería un error aprovecharse del bienestar de los otros. Uno debe usar sus capacidades corporales, de habla y de mente para el provecho de los demás: eso es lo correcto. Para ello será imprescindible generar una mente altruista y desear la mejora del bienestar de los demás a través de la consecución de su felicidad y de la extinción de su sufrimiento.

–Discurso, 1981

Amor

Como persona educada en la tradición budista *mahayana*, siento que el amor y la compasión son los tejidos morales de la paz mundial. Permitidme en primer lugar definir qué entiendo yo por *compasión*. Cuando se siente lástima o compasión por un pobre, en realidad lo que se está sintiendo es simpatía ante la condición de ser pobre. Esta compasión surge de consideraciones altruistas. Por otra parte, el amor por la esposa o el marido, por los hijos o por un amigo íntimo se circunscribe, normalmente, al apego. Cuando el apego se modifica, arrastra a la bondad, y hasta puede desaparecer. Ése no es amor verdadero. El amor verdadero no se basa en el apego, sino en el altruismo. Y con esta base, la compasión se mantendrá siempre como respuesta humana al sufrimiento mientras haya seres que continúen sufriendo.

–«Compasión en la política global»

¿Estamos de acuerdo sobre la función fundamental que desempeña el amor en la vida humana? El amor consuela al desesperado y al angustiado, consuela al anciano y al solitario. Es una fuerza dinámica que debemos desarrollar y utilizar, pero que, a menudo, tendemos a olvidar, en especial cuando estamos en la flor de la vida, cuando nos embarga una falsa sensación de seguridad.

La razón para amar al prójimo reside en el reconocimiento del simple hecho de que todo ser vivo tiene el mismo derecho y deseo de felicidad y de evitar el sufrimiento, y en la consideración de que cada individuo es una sola unidad vital con respecto a los que están inmersos en una incesante búsqueda de la felicidad.

–Discurso, 1973

Sin amor no sobreviviremos. Los seres humanos son criaturas sociales, y la preocupación del uno por el otro constituye la base misma de la vida conjunta.

–«La verdadera expresión de la no violencia es la compasión»

El amor es el centro de la vida humana.

–Discurso, 1981

Lo que siente una madre por su hijo sería un ejemplo clásico de amor. Una madre es capaz de sacrificar hasta su vida por la seguridad, la protección y el bienestar de su hijo. En señal de agradecimiento, el hijo debería expresar su gratitud a la madre mediante acciones virtuosas. En la misma línea, una persona cuya motivación sea la mente *bodhi* luchará con todas sus fuerzas por el bienestar de cada ser vivo, ya sea humano o animal. A la vez dispensará a los demás el mismo trato que daría a su madre. En compensación por el amor materno, su misión será la de ser benevolente. El cultivo de la compasión y la bondad hacia los seres vivos reportará paz y felicidad a uno mismo y a los demás. La mala fe, la malicia y los actos de maldad no serán más que una fuente de sufrimiento.

–«Amor y compasión»

Desde el momento mismo del nacimiento estamos supeditados al cariño y a la bondad de nuestros padres. Y luego, al final de nuestra vida, cuando nos abruma la enfermedad y somos viejos, volvemos a ser dependientes de la bondad de los demás. Y puesto que al principio y al final de nuestra vida somos tan dependientes de los demás, ¿cómo puede ser que en medio dejemos de ser bondadosos con ellos?

–Discurso, 1981

Los cristianos predican el amor a Dios y al prójimo, según mi interpretación personal del cristianismo. El propósito de amar a Dios consiste en acercarse más a Dios. Si uno se acerca a Dios, escuchará su voz, que nos dice que debemos amarnos los unos a los otros. En esencia, el principal mandato es el amor al prójimo. El budismo también pone énfasis en el amor a los demás.

–Discurso, 1973

Al nacer no poseemos ni religión ni ideología ni cultura. Esos valores se adquieren o se aprenden más adelante. Pero creo que nadie nace libre de necesidad de amor. Ningún objeto material, por bello o valioso que sea, puede hacernos sentir amados, porque la identidad más íntima y el auténtico carácter de uno subyacen en la naturaleza subjetiva de la mente.

–«Desarme, paz y compasión»

El amor es una práctica muy simple, y aun así es de mucho provecho para quien la practica y para la comunidad, la nación y el mundo entero.

–Discurso, 1980

La clave para crear un mundo mejor y más pacífico estriba en el desarrollo del amor y la compasión por los demás.

—«Derechos humanos y responsabilidad universal»

El amor y la bondad son siempre oportunos. Se crea o no en la reencarnación, la vida necesita del amor. Si amamos, habrá esperanza de obtener una familia real, una fraternidad real, una ecuanimidad real, una paz real. Si se olvida el amor mental, si se contempla a los demás como enemigos, por mucho progreso material que se alcance sólo habrá sufrimiento y confusión, y los seres continuarán engañando y abusando de los demás. En esencia, cada uno existe en la naturaleza misma del sufrimiento, así que abusar o desconfiar el uno del otro no sirve para nada. El fundamento de toda práctica espiritual es el amor. Sólo os pido que lo pongáis en acción. Por supuesto, ser capaz de hacerlo en todas las situaciones llevará su tiempo, pero no debéis desanimaros. El amor es el único camino para la felicidad de la humanidad.

—Discurso, 1980

La compasión y el amor auténticos consisten en sentir compasión y amor por todos los seres vivos y en particular por los enemigos. El tipo de amor o compasión por los amigos, la pareja o los hijos no es, esencialmente, auténtica bondad. Eso es apego.

–Discurso, 1980

La necesidad de cooperación sólo puede fortalecer a la humanidad porque nos ayuda a reconocer que el fundamento más seguro del nuevo orden mundial no consiste simplemente en alianzas económicas y políticas más amplias, sino en la práctica genuina del amor y la compasión por cada individuo. Esas cualidades son el origen último de la felicidad humana, y nuestra necesidad de ellas reside en el mismo núcleo de nuestro ser.

–«Derechos humanos y responsabilidad universal»

Siempre que visito una iglesia pienso en María llevando en brazos a Jesucristo cuando era niño. Eso, para mí, es un símbolo del cariño. Obviamente, los niños en cuyas casas predomina el amor y el cariño son mejores, más sanos, normales y vigorosos. Cuando los niños carecen de afecto humano y amor, el desarrollo físico a veces es tan dificultoso como el intelectual. Entonces pienso que esos niños con problemas a una edad temprana, que han crecido con carencia de amor y cariño, tendrán más problemas para demostrar amor y compasión a los demás. Y eso es una tragedia, una gran tragedia.

—«La compasión, base de la felicidad humana»

Podemos propagar el amor considerándonos a nosotros mismos miembros de la familia humana en un mundo interdependiente, confiando nuestro bienestar y *confort* a los demás. Igualmente, si somos bondadosos, haremos más amigos. Nos sentiremos mejor. Dicha motivación puede ser egoísta. Pero si somos egoístas con sabiduría, nos daremos cuenta de que necesitamos amar a los demás, incluso a nuestros enemigos.

–Discurso, 1982

Si nos paramos a pensar y comparamos los numerosos actos de bondad de los que dependemos, que muchas veces damos por supuesto, los actos de hostilidad son realmente pocos.

Para verificar la verdad de este razonamiento sólo precisamos observar el amor y el cariño que los padres sienten por sus hijos y los muchos otros actos de amor y de cuidado que damos por hechos.

–«La verdadera expresión de la no violencia es la compasión»

Uno de los puntos básicos es la bondad. Con bondad, con amor y con compasión, en suma, con este sentimiento que es la esencia de la hermandad, habrá paz mental.

–Discurso, 1981

Compasión

La compasión genuina es imparcial, debería ser imparcial.

–«La compasión, base de la felicidad humana»

Lo esencial de la escuela *mahayana,* que intentamos practicar, es la compasión. En el budismo *mahayana* uno se sacrifica para alcanzar la salvación de los otros seres.

–Discurso, 1963

Abocados al desafío de establecer una paz mundial genuina y de preservar la abundancia de la tierra, ¿qué podemos hacer? Las palabras bonitas ya no bastan. En su lugar debemos acometer la difícil tarea de construir una actitud de amor y compasión mentales. La compasión, por naturaleza, es pacífica y gentil, pero también poderosa. Algunos la rechazarán por ser de poca utilidad y poco realista, pero creo que su práctica constituye el verdadero origen del éxito. Y es una señal de auténtica fortaleza mental. Para secundarla no hace falta que seamos religiosos ni tener una ideología. Todo lo que necesitamos es desarrollar nuestras cualidades humanas esenciales.

—«Desarme, paz y compasión»

La compasión por los demás (en contraposición al ego) constituye una de las enseñanzas esenciales del budismo *mahayana*. En este sentido, quisiera citar unos versos que expresan este mensaje:

Si eres incapaz de cambiar tu felicidad
por el sufrimiento de otros seres,
no habrá esperanza de que alcances el estado de Buda,
ni siquiera la felicidad en la vida presente.

—Discurso, 1963

Es mi creencia que, por el bien del mundo en general, la compasión es más importante que la «religión».

—«La verdadera expresión de la no violencia es la compasión»

Avalokiteshvara está considerado el «Señor de la Misericordia», pero el auténtico Avalokiteshvara es la compasión en sí misma. Dicho de otra manera, Avalokiteshvara simboliza la cualidad ideal más preciada por los tibetanos. Es esta cualidad la que debemos sembrar en nuestra mentes, desde lo limitado hasta lo ilimitado.

La compasión sin discriminación, sin motivo y sin límites no tiene nada que ver, obviamente, con el amor habitual que se siente por los amigos y la familia. El amor limitado a los seres queridos y cercanos está impregnado de ignorancia y de apego. El tipo de amor por el que abogo es el que se puede sentir hasta por alguien que nos haya hecho daño. Ese tipo de amor existe para que sea propagado a todos los seres vivos, y así debe hacerse.

–Discurso, 1973

En realidad, la compasión consiste en crear una especie de atmósfera positiva cuyo resultado te haga sentir en paz y satisfecho. Con este tipo de actitud mental, donde haya una persona compasiva habrá, de forma natural, un ambiente agradable. Voy a contar una anécdota que me ocurrió hace casi cincuenta años. Sucedió en el palacio de verano,[6] donde había algunos animales, incluido un pequeño loro. Uno de mis asistentes era una persona ya mayor con aspecto de pocos amigos, de ojos muy redondos y mirada severa, pero siempre daba algo de comer al pájaro. Nada más escuchar el ruido de sus pasos y algún que otro ataque de tos, el loro ya se agitaba. Siempre sentí curiosidad por la gratitud del loro hacia mi asistente, pues las pocas veces que yo había intentado dar de comer al animal no había reaccionado

6. Se refiere al palacio de Norbulingka, en Lhasa. (*N. del T.*)

tan amistosamente. Entonces empecé a utilizar un palo para que el pajarito actuase de forma diferente, pero el resultado fue totalmente negativo. El uso de la fuerza hizo que el pájaro esquivo reaccionase en consecuencia: siendo más esquivo.

–«La compasión, base de la felicidad humana»

Cuando las motivaciones son la sabiduría y la compasión, los resultados de nuestros actos redundarán en provecho de cualquiera y no sólo de nuestros intereses y fines inmediatos. Cuando seamos capaces de reconocer y de perdonar los actos ignorantes del pasado, ganaremos la fortaleza para resolver los problemas del presente de forma constructiva.

–«Pensar globalmente: una tarea universal»

La tolerancia y la paciencia, ejercidas con valor, no son signos de debilidad sino de victoria. En la vida cotidiana, conforme se gana en paciencia y tolerancia, gracias a la sabiduría y al valor, se comprobará que ahí radica la auténtica fuente del éxito. De hecho, la debilidad sobreviene cuando uno es demasiado importante.

–Discurso, 1984

La compasión genuina, como he mencionado antes, tiene su base en el reconocimiento de que los demás, como uno mismo, tienen derecho a sobrellevar su sufrimiento. Bajo este principio, incluso el enemigo goza de este derecho. En función de ello se puede desarrollar un sentimiento de preocupación genuino: la compasión, que es imparcial, incluso respecto a los enemigos. Al margen de la actitud de las personas y los colectivos hacia uno mismo, ya sea hostil o amistosa, se trata también de seres humanos, como uno mismo, y tienen derecho a aliviar su sufrimiento: ésa es la compasión genuina.

–«La compasión, base de la felicidad humana»

Para que crezca tu compasión, primero debes visualizarte a ti mismo como una persona neutral. Luego, en la parte derecha, visualiza tu viejo ego como una persona que sólo buscaba su propio bienestar, que para nada pensaba en la otra gente, que se aprovechaba de cualquiera a la menor oportunidad y que nunca estaba satisfecho. Luego, en la otra parte de tu ego neutral, visualiza a un grupo de personas que sufren realmente y necesitan ayuda. Y entonces piensa: todos los seres humanos tienen el deseo natural de ser felices y de evitar el sufrimiento; igualmente, todos los seres humanos tienen el derecho de ser felices y de aliviar su sufrimiento. Y sabiamente, no egoístamente; aun cuando persiste algo de egoísmo, piensa de forma egoísta pero con amplitud de miras. Todos queremos la felicidad. Nadie desea la locura o quiere a los egoístas e insatisfechos.

–Discurso, 1980

Un aspecto de la compasión consiste en dotarse del sentido de responsabilidad de protección. Esa motivación o sentimiento se desarrolla y se extiende con la autoconfianza. El aumento de la confianza reduce automáticamente el miedo, y ello sirve de base para la determinación. El éxito, desde el principio, depende de la determinación, sin que importe la dificultad del trabajo o de la tarea, sin que importe la dificultad incluso cuando se fracasa a la primera, a la segunda o hasta a la tercera vez; todo eso no importa si el objetivo está claro.

–«La compasión, base de la felicidad humana»

La compasión es una de las cosas más importantes. No podemos comprarla en los grandes almacenes de Nueva York. No podemos fabricarla. Pero sí la obtendremos a través del desarrollo mental. Sin la paz mental será imposible la paz mundial.

–Discurso, 1981

La práctica de la compasión no es idealista, sino que es la forma más efectiva de defender los intereses del prójimo y de uno mismo. Cuanto más interdependientes seamos, más redundará en nuestro propio provecho el velar por el bienestar de los demás.

–«Derechos humanos y responsabilidad universal»

No hay secretos. En mi mente pienso que nuestra cultura está arraigada en la compasión. Estamos acostumbrados a decir siempre: «Todos los seres sensibles son nuestros padres y nuestras madres».

Incluso aquel que parezca un rufián o un ladrón es alguien que tiene en la mente este pensamiento: «Todos madres, todos seres humanos». Y así pongo yo en práctica este pensamiento.

–Discurso, 1984

La compasión es, fundamentalmente, una cualidad humana: su desarrollo no está restringido a quienes profesan alguna religión. No obstante, las tradiciones religiosas desempeñan una función primordial en el fomento de su desarrollo.

—«La verdadera expresión de la no violencia es la compasión»

Los miedos surgen cuando miramos con sospechas. Es la compasión la que crea el sentido de confianza que permite abrirnos a los demás y revelar nuestros problemas, dudas e incertidumbres.

Independientemente de que uno sea creyente o no, en tanto que seres humanos, en tanto que miembros de la familia humana, necesitamos de la compasión humana. Así que, cuando el afecto domina nuestra mente, automáticamente se despierta un sentido de responsabilidad o de compromiso. Y eso significa autodisciplina. El afecto o la compasión humanos son, a mi entender, las raíces principales de las buenas cualidades.

—Discurso, 1995

La compasión nos exige tender la mano a todos los seres vivos, incluidos los llamados «enemigos», aquellas personas que nos disgustan o nos hieren.

Al margen de lo que te hagan, si recuerdas que todos los seres como tú sólo intentan ser felices, te será más fácil desarrollar compasión hacia ellos.

—«La verdadera expresión de la no violencia es la compasión»

Los principios expuestos en las escrituras *theravada* giran en torno a la sabiduría, la generosidad y la práctica de la meditación, que incluye el desarrollo de las treinta y siete armonías con iluminación. La base de esas verdades es el esfuerzo positivo por no herir a los demás. Por lo tanto, su fundamento es la compasión.

—Discurso, 1981

Creo que uno de los factores que más impide que seamos capaces de detectar nuestra interdependencia es el excesivo énfasis en el desarrollo material. Hemos sido tan absorbidos por este objetivo que, sin saberlo, hemos obliterado las cualidades más elementales de la compasión, el cuidado y la cooperación. Cuando no conocemos a alguien o no nos sentimos integrados con un individuo o un grupo, tendemos a pasar por alto sus necesidades. Sin embargo, el desarrollo de la sociedad humana requiere que las personas se ayuden las unas a las otras.

–«Derechos humanos y responsabilidad universal»

Como monje budista, el cultivo de la compasión es una parte importante de mi práctica diaria. Una faceta de ello implica sentarme en mi habitación, simplemente quieto, meditando, lo cual es positivo y cómodo. Pero el verdadero objetivo de cultivar la compasión es desarrollar el valor para pensar y hacer algo por los demás.

Por ejemplo, como Dalai Lama, tengo una responsabilidad hacia mi pueblo, una parte del cual vive en condición de refugiada, mientras que la otra permanece en el Tíbet ocupado por China. Mi responsabilidad significa que tengo que enfrentarme con muchos problemas a la vez y salir adelante.

—«La verdadera expresión de la no violencia es la compasión»

Ahora la cuestión es cómo obtener la compasión. ¿Podemos desarrollar realmente esa compasión? Mi respuesta es sí, rotundamente.

¿Por qué? Primero, porque es inherente a la naturaleza humana. A menudo nos impresionamos con las víctimas de la historia y creemos que nuestra naturaleza es básicamente agresiva. Pero vamos a pensar un momento. Vamos a recordar el tiempo de nuestra concepción como un acto de amor genuino: ese amor genuino significa respeto hacia el otro y no sólo amor loco; significa conocerse el uno al otro realmente y no sólo disfrutar de una relación de amantes; significa desarrollar el respeto como base de un matrimonio genuino y feliz. Ese matrimonio durará el resto de la vida. Partiendo de este ejemplo, según la ciencia médica, un periodo importante de la infancia es el que abarca las primeras semanas tras el nacimiento, durante el cual se va desarrollando el cerebro del niño. Durante ese tiempo –según la ciencia médica repito–, el factor decisivo en el desarrollo del cerebro es el contacto físico. Eso demuestra que el cuerpo precisa del afecto maternal. Por eso, tras el parto, el primer acto de la madre es dar el pecho; desde el punto de vista del niño, la leche es el símbolo de la compasión sin la cual no podría sobrevivir. Así que creo que nuestro primer acto de dar de mamar es un símbolo de afecto.

–«La compasión, base de la felicidad humana»

Se profese una religión o no, se crea o no en la reencarnación, nadie deja de apreciar la compasión y la misericordia.

–Discurso, 1981

La determinación, junto a una actitud optimista, es el factor clave para el éxito. La compasión deja algún tipo de huella mental que se desarrolla de forma casi automática. Abre una puerta interior a través de la cual podemos comunicarnos con otros seres queridos sin demasiada dificultad. Por otra parte, si alguien alberga malos sentimientos respecto a los demás por culpa de la propia actitud mental, los demás se contagiarán de esos sentimientos, y el resultado serán sospechas, miedos, distancias insalvables y problemas de comunicación. Y uno se sentirá solo, aislado por las invenciones mentales de los miembros de la comunidad que lo miran de forma negativa.

–«La compasión, base de la felicidad humana»

La compasión y el amor son valores preciados de la vida. No son complicados. Son simples, pero difíciles de llevar a la práctica.

–Discurso, 1981

No debemos pensar en la compasión sólo como forma de preservar lo sagrado o lo religioso.

La compasión es una de nuestras cualidades humanas elementales. La naturaleza humana es, esencialmente, amorosa y gentil.

—«La verdadera expresión de la no violencia es la compasión»

Una gran compasión se encuentra en la raíz de toda forma de culto.

—Discurso, 1981

La verdadera compasión tiene alcance universal y va acompañada de un sentimiento de responsabilidad.

—«La verdadera expresión de la no violencia es la compasión»

¿Quién te enseñó tolerancia? A veces tus hijos te enseñan paciencia, pero la tolerancia te la enseñará tu enemigo. Así que tu enemigo es realmente tu profesor. Si sientes respeto por tu enemigo en lugar de ira, desarrollarás compasión. Este tipo de compasión es la compasión de verdad, que se fundamenta en creencias sólidas.

–Discurso, 1980

Humanidad

La asunción de que somos, básicamente, los mismos seres humanos que buscan felicidad e intentan evitar el sufrimiento, será muy útil para desarrollar un sentido de fraternidad, un cálido sentimiento de amor y compasión por los demás. Eso será esencial si aspiramos a sobrevivir en este mundo que cada vez se hace más pequeño. Porque si cada uno, egoístamente, lucha sólo por sus fines, sin prestar atención a las necesidades de los demás, no sólo acabaremos dañando a los demás sino a nosotros mismos, lo cual ha sido evidente en repetidas ocasiones durante este siglo. Ahora sabemos que desencadenar una guerra nuclear, por ejemplo, sería una forma de suicidio; o que contaminar el aire o los océanos, con el propósito de obtener provecho a corto plazo, destruirá las condiciones básicas para nuestra subsistencia.

–Discurso de aceptación del premio Nobel, 1989

En tanto que hermanos, tengo el profundo presentimiento de que todos somos los mismos seres humanos. Por lo tanto, es muy natural que cuando algunos hermanos sufren, los demás desarrollen espontáneamente algún tipo de preocupación sincera. Creo que esta idea rebrota en la actualidad. Y eso da esperanzas de futuro.

−Discurso, 1991

Basándonos en las relaciones humanas genuinas −sentimientos reales por los demás, entendimiento entre unos y otros− podemos desarrollar el respeto y la confianza mutuos con los que compartir el sufrimiento de los demás y edificar en armonía la sociedad humana. Podemos crear una familia humana presidida por la amistad.

−«La compasión en la política global»

Si perdemos de vista la humanidad esencial que actúa como cimiento, la sociedad, en su conjunto, se derrumbará. Y entonces, ¿qué sentido tendrá perseguir la mejora material?, ¿a quién reclamaremos nuestros derechos? Los actos motivados por la compasión y la responsabilidad acabarán dando buenos dividendos.

La ira y los celos pueden ser fructíferos al principio, pero al final sólo nos traerán problemas.

—«La verdadera expresión de la no violencia es la compasión»

Bajo un reluciente sol nos reuniremos personas de diferentes lenguas, indumentarias y credos. Todos somos los mismos seres humanos, todos tenemos un concepto único del «yo» y todos somos iguales en el deseo de felicidad y de evitar el sufrimiento.

—Discurso, 1984

A menudo explico a mis amigos que no necesitan estudiar filosofía, con esas asignaturas tan complicadas y pensadas para
quienes desean hacer de ella una profesión. Simplemente con
mirar a los mamíferos o a los insectos tan inocentes, basta para
desarrollar una especie de respeto por ellos. ¿Por qué? Pues porque no tienen religión, no tienen constitución, no tienen fuerzas
policiales, nada. Pero viven en armonía según la ley natural de la
existencia o las leyes naturales del sistema.

–«Espiritualidad y naturaleza»

Los amigos genuinos y verdaderos comparten siempre tus penas
y tus cargas, y siempre acudirán en tu ayuda seas afortunado o
no. Esas amistades se consiguen con un corazón generoso y un
alma bondadosa, no con la ira, ni con la educación o la inteligencia.

–Discurso, 1996

Las personas, sean hermosas y agradables o feas y antipáticas, son en última instancia seres humanos. Cuando se asume que los seres humanos son iguales e idénticos a uno mismo en su deseo de felicidad y su derecho de obtenerla, automáticamente se genera empatía y proximidad hacia ellos. Acostumbrando la mente a este sentido universal de altruismo se desarrollará un sentido de responsabilidad por los demás: el deseo de ayudarles de forma activa a superar sus problemas. La verdadera compasión no es tan sólo una respuesta emocional, sino un firme compromiso asentado en la razón. Por lo tanto, una actitud compasiva auténtica hacia los demás no cambia ni cuando los otros se comportan de forma negativa.

—«Desarme, paz y compasión»

Las amistades genuinas surgen en una atmósfera positiva. Al fin y al cabo, somos animales sociales. Creo que los amigos del alma son cruciales tanto como lo son las buenas maneras o una sonrisa genuina. ¿Cómo se sonríe con ganas si persiste la severidad y la sospecha? Resulta muy difícil. Quizás la gente con más poder o más dinero pueda dedicar sonrisas artificiales, pero esa sonrisa no es auténtica. Una sonrisa genuina emana del rostro de la compasión.

—«La compasión, base de la felicidad humana»

No es un sueño sino una necesidad que, puesto que todos compartimos el pequeño planeta Tierra, debemos aprender a vivir en armonía y paz con los demás y con la naturaleza. Dependemos los unos de los otros en tantos ámbitos que no podemos vivir más tiempo encerrados en comunidades e ignorar lo que sucede fuera de ellas. Necesitamos ayudarnos los unos a los otros en los momentos difíciles y es necesario compartir la buenaventura en los momentos de alegría. Os estoy hablando en calidad de ser humano, de simple monje budista. Si descubrís esto que considero tan útil, entonces espero que elegiréis llevarlo a la práctica.

—Discurso de aceptación del premio Nobel, 1989

Sin distinción de raza, creencia, ideología o bloque político (occidental u oriental), o de zona económica (Norte o Sur), el elemento más importante y básico de todas las personas es la humanidad que comparten: el hecho de que cada persona (viejos y jóvenes, ricos y pobres, cultos e iletrados, hombres y mujeres) es humana. La condición de humanidad común, así como la aspiración compartida de obtener la felicidad y evitar el sufrimiento, y el derecho básico a dotarse de ella, son de primordial importancia.

—La contribución espiritual al progreso social

Normalmente, cuando me encuentro por primera vez con una persona, no siento la necesidad de una presentación, pues se trata, obviamente, de otro ser humano. Quizás en el futuro, a causa de los avances tecnológicos, podrá ser que se trate de un robot; pero sea un robot o un humano, hasta ahora no ha habido la necesidad de presentar un ser que se mueve, que sonríe y que tiene dientes y ojos. En lo físico, somos iguales excepto en el color.

—«La compasión, base de la felicidad humana»

Cuando conozco a una persona, en mi mente no hay barreras ni telones. En mi mente, en tanto que seres humanos, somos hermanos; en sustancia, no hay diferencia. Puedo expresar lo que siento, sin titubeos, como si fuera un viejo amigo. Con este sentimiento podemos comunicarnos sin dificultad y conversar íntimamente, no sólo con palabras bonitas, sino con franqueza.

—La compasión en la política global

El egoísmo es negativo; muy malo. Nos trae problemas. Pero por otra parte, la firme sensación del «yo», del ego, que actúa como base de nuestra determinación, fuerza de voluntad o autoconfianza, de ese «yo» sólido, es muy necesaria. Sin ese «yo», ¿cómo podríamos desarrollar la autoconfianza? Por difícil que sea la tarea, debo hacerla, debo llevarla a cabo. Estoy decidido a hacerla. Ya veis, se necesita un firme sentido del «yo». Debe estar presente.

—«La compasión, base de la felicidad humana»

Debemos sentir, a un nivel muy profundo, un afecto real por los demás, un claro apercibimiento de la condición humana común. Al mismo tiempo debemos aceptar, con actitud abierta, las ideologías y sistemas como medios para resolver los problemas de la humanidad. Un país, una nación, una ideología, un sistema no son suficientes. Resulta positivo disponer de una variedad de enfoques diferentes, basados en el profundo sentimiento de la elemental similitud de los humanos. Entonces podemos hacer un esfuerzo conjunto para resolver los problemas globales de la humanidad. Los problemas que la sociedad afronta respecto al progreso económico, la crisis energética, las tensiones entre naciones ricas y pobres y las cuestiones geopolíticas, pueden resolverse si comprendemos los derechos de los demás, compartimos los problemas y sufrimientos y luego aunamos esfuerzos.

–La compasión en la política global

Religión

Cada una de las muchas religiones existentes en el mundo promulga su propio mensaje, pero todas ellas coinciden en el «amor» y el «espíritu de perdón mutuo». Sin embargo, la realidad es que las diferencias religiosas han causado el derramamiento de mucha sangre. Los enfrentamientos religiosos deben detenerse.

–Discurso, 1995

Hasta cierto punto, la religión puede ser un lujo. Si se es religioso, está muy bien, pero incluso sin religión se puede sobrevivir y se las puede arreglar uno. Pero sin afecto humano no se puede subsistir. Aunque la ira y el odio, al igual que la compasión y el amor, forman parte de nuestra mente, siempre he creído que la compasión y el amor son sus fuerzas dominantes. Por lo tanto, acostumbro a denominar *espiritualidad* a estas cualidades humanas, sin necesidad de que se alineen con algún mensaje religioso. La ciencia y la tecnología, en conjunción con el afecto humano, serán constructivas. De la mano del odio, serán destructivas.

—«Espiritualidad y naturaleza»

Gracias al diálogo con rabinos y maestros del judaísmo, los tibetanos han aprendido los secretos de la supervivencia espiritual judía en el exilio [...]. Durante dos mil años, incluso en tiempos difíciles, el pueblo judío ha recordado su liberación de la esclavitud y eso le ha ayudado en los malos momentos.

—Discurso, 1997

Cuando se practica una religión de forma genuina, ésta anida en el corazón y no en el exterior. La esencia de cualquier religión reside en la bondad del alma. A veces defino la compasión y el amor como la religión universal. Ésa es mi religión. Una compleja filosofía repleta de conceptos a veces crea más confusión y problemas. Si esas filosofías sirven para desarrollar la bondad, son positivas: utilízalas plenamente. Si esas complicadas filosofías o sistemas suponen un obstáculo para ser bondadoso, recházalas.

—«Espiritualidad y naturaleza»

Hay que apuntalar la fe religiosa. Pero en los casos en los que no exista fe, será importante saber si se dispone de una mentalidad religiosa o no, lo cual no deja de ser un derecho de elección individual. Sin religión podemos apañárnoslas y, a veces, incluso de forma más simple o mejor. Pero no hay que olvidar que, aun cuando se pierda el interés por la religión, no se pueden obviar los valores humanos. Ahí está la diferencia. Puesto que somos seres humanos, puesto que somos miembros de la sociedad humana, precisamos de compasión humana. Sin ella no podremos ser unos seres humanos felices. Todos deseamos una vida feliz, una vida con éxito, y ser unas personas felices con una familia feliz. Para conseguirlo, la compasión, el afecto humano, es el elemento clave.

–«La compasión, base de la felicidad humana»

El objetivo de la religión no estriba en construir iglesias o templos monumentales, sino en cultivar las cualidades humanas positivas, como la tolerancia, la generosidad y el amor.

–Discurso, 1992

Debemos respetar las otras religiones [...]. La esencia de las religiones es, básicamente, la misma: la consecución de un auténtico sentido de fraternidad, de un alma bondadosa, del respeto a los demás. Si podemos desarrollar estas cualidades mentales en nuestra alma, entonces podremos lograr una paz verdadera.

–Discurso, 1973

Del mismo modo que luchamos contra el sufrimiento externo, debemos sobreponernos al sufrimiento mental, y así sucesivamente, de forma que cuando emprendamos una lucha mental signifique que, en realidad, existe un dolor interno. Por lo tanto, la religión es algo mental sobre lo que se debe reflexionar.

–Discurso, 1983

Al margen de su base filosófica, cualquier religión del mundo se sustenta sobre el precepto primero y primordial de renuncia al egoísmo y de servicio al prójimo. Por desgracia, algunas veces, en nombre de la religión, las personas han provocado más disputas que consensos. Los practicantes de los diferentes credos deben asumir que cada tradición religiosa atesora inmensos valores intrínsecos que son medios de proporcionar salud mental y espiritual.

–«Responsabilidad universal y ecología global»

Un tipo de desarrollo espiritual resulta igual de posible para quienes se mantienen al margen de la religión, siempre y cuando se asuma la importancia de la compasión y el amor, y crezca la preocupación y el respeto por los demás.

–Discurso, 1985

Profesar o no una religión es un derecho individual. Pero creo que es importante que las personas sepan, cuando pierden interés por la religión, que también están olvidando unos valores humanos profundos, y eso puede ser un problema. Por lo tanto, debemos buscar fórmulas y medios para elevar los valores humanos más profundos a la categoría de ética laica. Y así creo que las instituciones educativas desempeñan una función determinante. Las instituciones religiosas, por supuesto, también tienen una gran responsabilidad, pero hasta cierto punto limitada. En cambio, las instituciones educativas, en cualquier parte del mundo, recobran su importan-

cia para mejorar de alguna manera la esencia de la bondad
humana.

–Discurso, 1995

Los cristianos y los budistas tienen, en esencia, idénticos objetivos y enseñanzas. El mundo es cada vez más pequeño por la
mejora de las comunicaciones y por otros factores decisivos.
Con el desarrollo actual, las diferentes culturas y credos también
se acercan cada vez más. Y eso, en mi opinión, es muy positivo.
Si nos comprendemos los unos a los otros, si comprendemos las
formas de vivir y de pensar, las escuelas filosóficas desarrollarán
de manera natural la armonía y la capacidad para aunar esfuerzos. Y siempre he presentido que este desarrollo interior especial
será de gran relevancia para la humanidad.

–Discurso, 1983

El factor común a todas las religiones es que, sean cuales sean sus diferencias filosóficas, se preocupan, de manera primordial, por ser herramientas que conviertan a sus practicantes en seres humanos mejores.

Consecuentemente, las religiones alientan la práctica de la bondad, la generosidad y la preocupación por los demás.

–«La verdadera expresión de la no violencia es la compasión»

Es necesario reconocer sin tapujos que el objetivo básico de las religiones es el mismo. Puesto que las religiones persiguen disciplinar nuestras mentes y hacernos personas mejores, incorporaremos las prácticas religiosas al proceso de curación mental. También considero de vital importancia que no seamos sectarios, pues el uso de las doctrinas y las prácticas de sugestión de la mente como armas de prejuicios es muy desafortunado. En tanto que budistas, debemos respetar a los cristianos, los judíos, los hindúes y al resto de practicantes religiosos.

–Discurso, 1986

Cada uno, a su manera, puede intentar transmitir la compasión al corazón de los demás. En la actualidad, las civilizaciones occidentales conceden mucha importancia a «rellenar» el cerebro humano de conocimientos, pero parecen descuidarse de «rellenar» la mente humana de compasión. Éste es el verdadero cometido de la religión.

–Discurso, 1995

Puesto que cada religión presenta una filosofía con similitudes y diferencias respecto a las demás, cada persona debe acogerse a la que se adapte más a su individualidad. Al igual que en el mundo hay diferentes tipos de comida –a modo de ejemplo debo decir que en mi reciente gira europea he probado una gran variedad–, hay distintos tipos de menús. Y nadie puede imponer a los demás la elección del tipo de dieta. Lo mejor será lo que más convenga a cada persona. Por ejemplo, en cuanto a los diferentes hábitos de salud, no hay discusión, pues cada uno elige los que considera más adecuados. De forma similar, la religión es el alimento de la mente y, puesto que tenemos paladares distintos, debemos elegir el que más nos guste.

–Discurso, 1973

Debe haber un equilibrio entre el progreso material y espiritual, un equilibrio adquirido con los principios del amor y la compasión. El amor y la compasión son la esencia de todas las religiones.

–Discurso, 1984

Todas las religiones son, básicamente, lo mismo, en el sentido de que hacen hincapié en la paz de la mente y en la bondad, pero también es muy importante que eso se aplique en la vida diaria y que no se profese sólo en las iglesias o templos.

–Discurso, 1987

Los líderes de las respectivas religiones deberían conocerse más e intercambiar información sobre sus respectivas tradiciones. He visitado muchos lugares sagrados de todo el mundo, Jerusalén inclusive, y aunque sea un budista que no cree en Dios, esas experiencias personales fueron muy intensas. Este tipo de visitas refuerzan la comprensión mutua y son necesarias para fomentar la armonía religiosa.

–Discurso, 1995

Nuestro planeta tiene una población superior a los cinco mil millones de personas. Aproximadamente mil millones son practicantes formales activos y sinceros de una religión. Los restantes cuatro mil millones no son creyentes en el sentido estricto. Si consideramos el desarrollo de la compasión y de otras cualidades positivas como cuestión exclusiva de la religión, estos cuatro mil millones quedarán excluidos. En tanto que hermanos, miembros de la gran familia humana, cada una de esas personas tiene el potencial de inspirarse en la necesidad de la compasión, que puede ser desarrollada y alimentada sin que haga falta practicar religión alguna.

—«La verdadera expresión de la no violencia es la compasión»

Cuando nos convertimos en refugiados supimos que nuestra lucha no sería fácil; duraría generaciones.

A menudo me refiero al pueblo judío, por cómo ha sabido mantener su identidad y su fe a pesar de la adversidad y el sufrimiento. Y porque, cuando las condiciones externas fueron propicias, estaba preparado para volver a reconstruir su nación. Así que tenemos muchas cosas que aprender de nuestros hermanos judíos.

—Discurso, 1997

No creo que la enseñanza religiosa sea algo fácil de extirpar. Todo lo contrario. Una vez ha arraigado profundamente, no resulta fácil de destruir. La amenaza real procede de dentro, de aquellas personas consideradas «religiosas» que no hacen una buena práctica, que se han desviado del buen camino. Éste es el mayor peligro, la principal amenaza.

–Discurso, 1985

La religión puede y debe ser profesada por cualquier persona que vea en ella algún provecho. Lo importante es que quien busque elija la religión que mejor se adapte a sus circunstancias. Sin embargo, creo que la adopción de una determinada religión como el budismo no implica el rechazo de otra religión o de la comunidad propia. De hecho, es importante que aquellos de vosotros que habéis abrazado el budismo no rompáis con vuestra sociedad; debéis continuar viviendo en el seno de vuestra propia comunidad.

–Discurso, 1973

Los budistas no pueden pretender convertir al budismo al conjunto de la población mundial. Eso es imposible. Los cristianos no pueden convertir a la humanidad al cristianismo. Y los hindúes no pueden gobernar a toda la humanidad. Desde un punto de vista imparcial, a lo largo de los siglos, cada fe, cada gran enseñanza, ha servido a la humanidad en grado sumo. Así que será mejor ser buenos amigos y comprendernos los unos a los otros en el esfuerzo de servir a la humanidad, en lugar de criticarnos y discutir. Eso es lo que creo.

–Discurso, 1981

En la antigüedad, cuando las comunidades vivían aisladas, era correcto creer que la religión de cada uno era la única verdadera. Pero en la actualidad, cuando la sociedad está más diversificada y las fronteras nacionales tienen menos sentido, la idea de pluralismo religioso es más beneficiosa.

–Discurso, 1995

Si he dicho que todas las religiones y filosofías son idénticas, he sido hipócrita, no he sido sincero. Hay diferencias. Creo que hay un cien por cien de posibilidades de construir una paz real y de ayudar, hombro con hombro, a la humanidad. Además, no tenemos ni el derecho ni la responsabilidad de imponerla a un no creyente.

–Discurso, 1981

El objetivo real de la religión consiste en ejercer funciones de protección; en ser una fuente de refugio. Un sistema que da seguridad convierte la religión en utilitaria y funcional. Y entonces, sean cuales sean y como sean las actividades, comportamientos y formas externas que aporte este sistema, a la religión funcional no puede achacársele el menor fracaso si no consigue brindar los medios más elementales de refugio y protección.

–Discurso, 1973

Una persona verdaderamente religiosa nunca halla argumentos para la disputa por la religión. Y aun así es un hecho irrefutable que ha habido guerras calificadas de religiosas. Sin embargo, las personas que participaron en ellas no estaban practicando su religión, sino simplemente utilizándola como instrumento de poder. La motivación real era egoísta, no espiritual. Las guerras de religión no tienen nada que ver con las contradicciones entre religiones.

–Discurso, 1973

En el Tíbet solía haber unos cuantos cristianos. Practicaban la fe cristiana pero eran tibetanos de costumbres. Un antiguo proverbio tibetano dice que debes cambiar tu mente pero que tu comportamiento externo debe ser el mismo.

–Discurso, 1973

Muerte y liberación

Un rey pierde su reino y un mendigo tullido deja de llevar el bastón en que se apoya. Debemos captar rápidamente la iluminación mientras tengamos oportunidad. En menos de un siglo todos estaremos muertos. Quizás alguien dirá: «El Dalai Lama pronunció aquí un sermón»; sólo este pálido recuerdo del día de hoy permanecerá. No podemos estar seguros ni de que mañana estemos vivos. No hay tiempo para aplazar las decisiones. Yo, que estoy dando ahora y aquí esta enseñanza, no tengo garantía alguna de que sobreviva al día de hoy.

–«Aproximación budista al conocimiento»

Una vez se comprende la naturaleza cíclica de la existencia […] uno se puede liberar de ella.

–Discurso, 1980

Debemos asumir la responsabilidad directa sobre nuestra vida espiritual y no confiarla a nada ni a nadie, porque incluso los budas de las diez direcciones y de las tres veces serán incapaces de ayudarnos si no nos ayudamos a nosotros mismos. Si otro ser pudiera salvarnos, no tengáis duda alguna de que lo habría hecho. Por lo tanto, es el momento de ayudarnos a nosotros mismos.

–«Aproximación budista al conocimiento»

Mientras viva debo utilizar mi energía o mi existencia en pos del bien o del provecho de los demás. Eso es importante, pues luego moriré. Aunque la gente no dé importancia a los actos buenos o malos […] cuando alcance el nirvana ¡ya se lo explicaré!

–Discurso, 1996

Por el momento hemos sido bendecidos con la vida humana y todas las posibilidades que ello implica. Al revés que los animales y otras formas de vida menores, somos capaces de recoger el fruto de la iluminación, un acto de bondad última hacia nosotros y hacia los demás. Sin embargo, la muerte nos presiona, amenazándonos con robarnos esta oportunidad preciosa en cualquier momento, y cuando muramos sólo perdurarán las semillas de nuestro trabajo en vida y de nuestro conocimiento espiritual.

–«Aproximación budista al conocimiento»

Aun cuando no logremos solucionar determinados problemas, no debemos sentir remordimientos. Los humanos nos enfrentamos a la muerte, a la vejez y a la enfermedad como si fueran desastres naturales, como si fueran huracanes más allá de nuestro control. Debemos afrontarlos, no podemos evitarlos, pero con ellos ya tenemos bastante sufrimiento: ¿por qué debemos crear problemas adicionales en nombre de la propia ideología, de una forma diferente de pensar? ¡Es inútil! Y triste. Miles y miles de personas sufren por ello. Esta situación es en verdad absurda, puesto que se evita fácilmente con un cambio de actitud, apreciando la humanidad básica a la que se supone que sirven las ideologías.

–Discurso, 1992

Todos los compuestos acaban desintegrándose. Puesto que la experiencia y el conocimiento son impermanentes y están sujetos a la desintegración, la mente por la cual funcionan no es algo constante y eterno. Se desgasta y se desintegra a cada instante.

–«Felicidad, karma y mente»

En cuanto a la configuración energética, el cuerpo humano consta de 72 000 canales, por los que circulan corrientes y donde residen las gotas esenciales o unidades de conciencia y energía. Manipulando las gotas esenciales del interior de los canales mediante las corrientes, pasaremos por diferentes niveles del estado de conciencia. La conciencia que tenemos ahora según la configuración presente es un tipo; el sueño es otro; el sueño profundo es un tercer nivel; el desmayo, el desfallecimiento prolongado, el coma o el instante en que se corta la respiración son los otros tipos. El nivel final de conciencia, la Luz Clara, el más fuerte y sutil, se manifiesta en el momento de la muerte: pese a no tener ningún uso, sirve de base para hacer girar la rueda del nacimiento, la vejez, la enfermedad y la muerte.

–Discurso, 1980

Es muy triste malgastar el cerebro humano en cosas de escasa importancia. La vida será triste y carente de intensidad si, hasta el momento de la muerte, invertimos nuestro tiempo preocupados sólo por las cosas mundanas. E incluso podríamos concluir que sería una vida perversa. Cuando las personas actúan de esta manera, el énfasis en la simple vida se va debilitando cada vez más. Se ha dicho que debemos renunciar a la vida presente. Eso no significa que debamos entristecernos o despreocuparnos por esta vida, sino que debemos reducir nuestro apego por los asuntos mundanos. Una vez reduzcamos el énfasis en las apariencias de la vida y sobrevengan a nuestra mente las apariencias de las futuras vidas, deberemos profundizar en la situación. Porque en el futuro, incluso aunque uno disfrute de una buena existencia, siempre habrá una vida tras otra, y otra vida tras aquélla.

−Discurso, 1982

En una de mis entrevistas en la televisión alemana, una de las preguntas que me habían pasado por escrito inquiría por qué los occidentales tienen mucho miedo a la muerte y los orientales no. Entonces contesté al entrevistador que yo creía lo contrario. Los occidentales aman la guerra, aman esas armas terroríficas que conducen a muertes no naturales. Son medios desagradables; parece que no tengáis miedo a morir. Los tibetanos, tiempo atrás, considerábamos a los soldados y a lo militar como algo negativo. ¡Eso significa que tememos más a la muerte!

—«Responsabilidad universal y ecología mental»

Soy budista. Creo que el ser humano puede adoptar la forma de un ser inferior. El lugar de nacimiento de la próxima vida no depende del cuerpo actual. Depende de las actividades perniciosas y de las virtudes. La fuerza kármica es lo esencial. Es la semilla. Sin embargo, la semilla, por sí sola, es insuficiente: debe interactuar con la tierra y el agua. De manera similar, las personas tienen que pensar no únicamente en la causa sino también en los condicionantes. Está muy claro. La materia principal del cuerpo físico viene de los padres, pero nuestra mente, nuestro yo, no.

—Discurso, 1984

En la búsqueda de la verdad última, si no logramos iluminarnos, querrá decir que no la hemos encontrado. La verdad última existe. Si lo pensamos a fondo y reflexionamos detenidamente, llegaremos a la conclusión de que nosotros mismos basamos nuestra existencia en la verdad última. Por ejemplo, yo te hablo y tú me escuchas. Generalmente tenemos la impresión de que hay un orador y un público, de que hay un sonido de palabras que se están diciendo; pero en la verdad última, si los busco por mi cuenta, no los encontraré y, si tú los buscas por tu cuenta, tampoco los encontrarás. Ni el orador, ni el público, ni las palabras, ni el sonido podrán ser hallados.

—«Las dos verdades»

La mente *bodhi* constituye el motivo central del budismo *mahayana* tibetano. Creemos que el concepto de mente *bodhi* nos servirá de gran ayuda para conseguir la unidad básica y el espíritu de cooperación entre los seguidores de los diferentes credos [...]. La inspiración para alcanzar la mente *bhodi* inefable puede ser enunciada así: «Debo llegar al estado supremo de buda omnisciente, de forma que pueda liberar a todos los seres de su océano de miseria, o *samsara,* y ubicarlos en la felicidad última, o nirvana». Esta inspiración crea el anhelo de encauzar la energía del individuo hacia las profundas y extensas etapas del camino del *mahayana.* Y también es la raíz de la práctica para acometer los actos del *bodhisattva,* lo cual denota generosidad, moralidad, paciencia, perseverancia, meditación y sabiduría.

–«Amor y compasión»

La liberación o la salvación significan liberarse de ataduras. Los seres están presos en una trampa y sujetos al karma y a la apariencia. Cuando la insatisfacción, o *dukkha,* resultante de las ataduras del karma y la apariencia –o el estado de insatisfacción que se experimenta debido a las influencias relacionadas con ellos–, se erradica y tranquiliza, uno mora en el estado conocido como liberación. Es verdad que varias de las escuelas de pensamiento budista difieren en la explicación de la verdadera naturaleza e importan del término *liberación.* Sin embargo, *a grosso modo,* puede interpretarse como la destrucción o la liberación de la insatisfacción y sus causas, originadas por el karma individual y la apariencia y sus influencias dominantes consiguientes.

–Discurso, 1979

Como budistas, creemos en la ley del karma, la ley natural de causa y efecto. Cualquiera de las condiciones causales externas con las que uno se encuentre en las subsiguientes vidas son el resultado de la acumulación de las acciones individuales en las vidas previas. Cuando la fuerza kármica de los hechos pasados alcanza su madurez, una persona experimenta estados mentales placenteros y desagradables. No son sino una consecuencia natural de sus previas acciones.

–«Felicidad, karma y mente»

Es en función de los seres vivos que uno genera en primer lugar su aspiración altruista a la Iluminación suprema; es en relación con los seres vivos que uno practica los actos del camino con el objetivo de obtener la Iluminación; y es en nombre de los seres vivos que uno alcanza la condición de Buda. Por lo tanto, los seres vivos son el objeto de la observación, la base de este maravilloso desarrollo. Así pues, son más importantes que una joya que conceda deseos, y uno debe tratarlos con respeto y cariño.

–Discurso, 1981

Según las escrituras budistas, el creador del mundo tal y como lo conocemos ahora no es nada más que la fuerza de maduración de nuestros actos previos, o karma. Cada acto cometido deja una huella en la mente que contribuye a nuestra evolución futura.

–«Aproximación budista al conocimiento»

En tanto que ser humano y miembro de la familia humana, precisas los sentimientos de aprecio de los demás y, por lo tanto, será muy importante que seas bondadoso [...] desde la perspectiva budista, si alguien vive en concordancia con esas cualidades, aunque sea un ateo recalcitrante, cuando acabe su existencia, si ha vivido con honestidad y ha sido buena persona, en virtud de este comportamiento logrará un buen rédito para su próxima vida. Por el contrario, quien haya hablado de la vida futura y del nirvana sin ponerlo en práctica, aunque pertenezca a la categoría de miembro de un grupo espiritual, en realidad tendrá que enfrentarse a más problemas.

–Discurso, 1985

Lecciones de sabiduría del Dalai Lama

El Tíbet y el mundo

El árbol protector
de la interdependencia

¡Oh, Señor Tathagata!
nacido del árbol de los *iksvkus*,
el Incomparable,
quien viendo la naturaleza omnipresente
de la interdependencia
entre el medio ambiente y los seres vivos,
el *samsara* y el nirvana,
el movimiento y el no movimiento,
enseña al mundo por compasión,
otórganos tu benevolencia.

¡Oh, Salvador!
Aquel llamado Avalokiteshvara,
que personifica el cuerpo de la compasión.
¡Oh, budas!
Os suplicamos que abráis nuestro espíritu
y que fructifique para observar la realidad
desprovista de todo lo ilusorio.

El terco egocentrismo
sembrado en nuestras mentes
desde tiempos inmemoriales,
contamina, deshonra e intoxica
el medio ambiente
creado con el karma común
de todos los seres vivos.

Lagos y estanques han perdido
su claridad, su frescura,
la atmósfera está envenenada,
la naturaleza de la bóveda celeste en el firmamento ardiente
ha reventado en pedazos
y los seres vivos padecen enfermedades
antes desconocidas.

Las montañas de nieves perpetuas de gloria resplandeciente
se doblegan y se funden en agua.
Los majestuosos océanos pierden su ancestral equilibrio
e inundan las islas.

Los peligros del fuego, del agua y del viento son ilimitados,
el calor sofocante seca nuestros exuberantes bosques,
azotando nuestro mundo con tormentas sin precedentes,
y los océanos rinden su sal a los elementos.

Y aunque a la gente no le falte salud,
no puede permitirse respirar aire puro.
Las lluvias y los cauces no están limpios
sino que fluyen cuales líquidos inertes y sin fuerza.

Los seres humanos
y otros incontables seres
que habitan las aguas y la tierra
retroceden ante el yugo del dolor físico
causado por enfermedades malignas.
Sus mentes están embotadas
de pereza, estupor e ignorancia,
las alegrías del cuerpo y del espíritu
se han ido lejos, muy lejos.

Contaminamos innecesariamente
el hermoso seno de nuestra madre tierra,

desgarramos sus árboles para alimentar nuestra codicia corta de
    miras,
tornamos nuestra fértil tierra en un desierto estéril.

La naturaleza interdependiente
del medio ambiente exterior
y la naturaleza interior de la gente
descritas en los tantras.

Trabajos de medicina y astronomía
han sido en verdad justificados
por nuestra experiencia de presente.

La Tierra es la casa de los seres vivos;
ecuánime e imparcial ante el movimiento y el no movimiento.
Así habló Buda con su voz verdadera
con la gran tierra por testigo.

Igual que un ser noble reconoce la bondad
de una madre sensible
y la recompensa por ello,
así la Tierra, la madre universal,

que nutre a todos por igual,
debe ser atendida con cariño y mimo.

Deja de desperdiciar,
de contaminar la naturaleza limpia y clara
de los cuatro elementos
y de destruir el bienestar de la gente.
Concéntrate en tus propios actos,
que sean de provecho para todos.

Bajo un árbol nació el sabio Buda.
Bajo un árbol superó la pasión
y alcanzó la iluminación.
Bajo dos árboles entró en el nirvana.
Verdaderamente, Buda tenía en gran estima a los árboles.

Aquí, donde la emanación de Mañjusri,
el cuerpo del lama Tson Khapa floreció una y otra vez,
está señalado en un árbol de sándalo
adornado con cien mil imágenes de Buda.

¿No es de sobras sabido
que algunas deidades trascendentales,
así como deidades y espíritus locales,
hicieron de los árboles su morada?

Árboles florecientes limpian el viento,
nos ayudan a respirar ese aire que sostiene la vida,
dan placer a la vista y alivian la mente,
y su sombra los hace un buen lugar de descanso.

En Vinaya, Buda enseñó a los monjes
a cuidar los árboles tiernos
y de ello aprendimos la virtud
de plantarlos y alimentarlos.

Buda prohibió a los monjes cortarlos.
Que los demás corten plantas vivas,
destruyan semillas o arruinen la fresca hierba verde,
¿no debe inspirarnos
el amor y la protección hacia nuestro medio ambiente?

Dicen que, en los reinos celestiales,
de los árboles emanaron
las bendiciones de Buda,
e hicieron de eco del sonido
de las doctrinas budistas básicas
como la impermanencia.

Son los árboles los que atraen las lluvias,
árboles son los que contienen la esencia del suelo.
Kalpa-Taru, el árbol del deseo cumplido,
reside virtualmente en la Tierra
para servir a estos propósitos.

Antaño,
nuestros antepasados comían los frutos de los árboles,
se vestían con sus hojas.

Descubrieron el fuego gracias al roce de la madera,
se cobijaban en el follaje de las ramas
cuando se enfrentaban con peligros.

Incluso en la era de la ciencia,
de la tecnología,
los árboles nos dan cobijo,
nos dan las sillas en las que nos sentamos,
las camas sobre las que yacemos.
Cuando el corazón arde en llamas
con el fuego de la disputa
atizado por la riña,
los árboles rezuman una frescura bienvenida.

En los árboles residen las raíces
de toda la vida en la Tierra.
Cuando se extinga
la Tierra ejemplificada en el nombre
del árbol Jambu
no será más que
un desierto desolado y triste.

No hay nada más querido que la vida.
Reconociendo esto, en las normas del Vinaya,
Buda estableció prohibiciones
como el uso del agua con las criaturas vivas.

En el aislamiento del Himalaya,
antaño, la tierra del Tíbet
respetaba la prohibición de caza y de pesca,
y, durante determinados períodos, incluso de edificar.
Esas tradiciones eran nobles
pues preservaban y protegían
las vidas de las criaturas indefensas, humildes y desvalidas.

Jugar con las vidas de los otros seres
sin sensibilidad o remordimiento,
como cuando se caza o pesca por deporte
es un acto de violencia innecesaria y sin sentido,
una violación de los derechos solemnes
de todos los seres vivos.

Prestando atención a la naturaleza interdependiente de todas las
    criaturas,
tanto de las animadas como de las inanimadas,
uno no debe aflojar en sus esfuerzos
para preservar y conservar la energía de la naturaleza.

Llegará un día, un mes, un año
en que uno deberá participar de la ceremonia
de plantación de un árbol.

Así uno completa sus responsabilidades,
sirve a sus seres queridos,
que no sólo conllevan la felicidad
sino también provecho.

Que la fuerza de cumplir con lo que es correcto
y la abstinencia de las prácticas incorrectas y de los actos de maldad
nutra y aumente la prosperidad del mundo.
Que enriquezca a los seres vivos y los ayude a florecer.
Que la felicidad prístina y la alegría silvestre
crezcan, proliferen y abarquen siempre a todo lo vivo.

—El árbol protector de la interdependencia:
reflexiones de un monje budista sobre
la responsabilidad ecológica

El Tíbet

El Tíbet, conocido por mucha gente como el Techo del Mundo, es una tierra de abundante y majestuosa belleza natural y de aire puro y limpio. Es un refugio para quienes quieren escapar de los entornos tensos e insalubres originados por el «progreso» moderno. Durante siglos, los tibetanos hemos vivido en paz y armonía con nuestro entorno, en consonancia con los dogmas budistas de amor y compasión y de acuerdo a un código de ética y civismo admirable.

–«El verdadero rostro del Tíbet»

El Tíbet, una nación antigua con una cultura y una civilización únicas, está desapareciendo con celeridad. En la empresa de proteger a mi nación de esta catástrofe, siempre he procurado guiarme por el realismo, la moderación y la paciencia. He probado todas las iniciativas a mi alcance para encontrar una solución mutuamente aceptable en la senda de la reconciliación y el compromiso. Sin embargo, ahora ha quedado claro que los esfuerzos unilaterales no bastan para sentar al Gobierno chino a la mesa de negociaciones. Por lo tanto, no me queda más opción que reclamar a la comunidad internacional una intervención urgente y una acción en nombre de mi pueblo.

–Discurso, 1996

Mi propuesta es que todo el Tíbet, incluidas las provincias orientales de Kham y Amdo, sean convertidas en una zona de *ahimsa*, un término hindi que describe el estado de paz y no violencia. El establecimiento de una zona de paz de este tipo estaría en consonancia con el papel histórico del Tíbet como nación budista pacífica y neutral y de estado-tapón que separa a las grandes potencias del continente. También enlazaría con la propuesta nepalí de declarar Nepal, con el apoyo de China, una zona de paz.

La zona de paz propuesta por Nepal tendría un impacto mucho más amplio si incluyese al Tíbet y las áreas vecinas.

–Plan de paz de los Cinco Puntos

Lo que sucede en el Tíbet también tiene importancia desde un punto de vista estratégico, porque la paz y la estabilidad en la zona van ligadas a una solución de la cuestión tibetana.

–Discurso, 1995

Creo que es importante que nosotros, en tanto que tibetanos, hablemos claro y presentemos un informe inteligible y basado en hechos sobre la situación en el Tíbet. Esto es particularmente necesario ahora, cuando se comenta que el actual liderazgo chino ha adoptado una línea moderada y responsable. Todavía está por ver si los líderes chinos están preparados para reconocer las realidades tal y como son, o si continuarán manipulando los acontecimientos con el objetivo de llegar a conclusiones que sólo responden a sus intereses.

–«China y el futuro del Tíbet»

Al margen del estatus político, uno de mis principales objetivos es que el Tíbet sea desmilitarizado, que sea una zona de paz.

–Discurso, 1995

La desmilitarización liberaría grandes recursos humanos para la protección del medio ambiente, para el alivio de la pobreza y para la consecución de un desarrollo humano sostenible. Mi esperanza es que Estados Unidos pronto pueda ayudarnos a convertir esto en realidad. Siempre he visto el futuro de mi país, el Tíbet, asentado en estos principios. El Tíbet sería un refugio neutral y desmilitarizado donde las armas estarían prohibidas y la gente viviría en armonía con la naturaleza. Esto no es un mero sueño: es la manera en que los tibetanos han intentado vivir durante miles de años, antes de que nuestro país fuera trágicamente invadido.

–«Responsabilidad universal y ecología global»

Parece ser que alguien tiene la errónea impresión de que el problema del Tíbet es la institución del dalai lama. A mi entender, el problema no tiene que ver con la institución del dalai lama, sino con las opiniones y creencias de seis millones de tibetanos [...]. Yo mismo, me considero un simple monje. No estoy particularmente preocupado por la institución del dalai lama, pues, en última instancia, corresponde al pueblo tibetano decidir.

–Discurso, 1984

El Tíbet se caracteriza por su extraordinaria geografía, la raza y el lenguaje únicos de su pueblo, y la riqueza cultural que ha desarrollado durante 2 100 años de historia documentada. Alrededor de seis millones de tibetanos pueblan nuestro país, que cubre una extensión de 2,5 millones de kilómetros cuadrados, un área del tamaño de Europa Occidental.

–«El verdadero rostro del Tíbet»

No estamos en contra de China; no cobijamos malos senti-mientos hacia nuestros hermanos chinos. Incluso, como practi-cantes budistas, nos preocupamos por quienes toman decisio-nes brutales en un instante; sentimos más compasión por aquellos que causan dolor y sufrimiento a los demás que por las víctimas, pues en el caso de los primeros existe una verdadera razón para estar preocupados. Las víctimas están madurando como resultado de su karma negativo, pero aquellas personas que infligen dolor a los demás están dando lugar a un nuevo kar-ma cuyas consecuencias deberán afrontarse a largo plazo.

—«La necesidad de equilibrio entre los
valores espirituales y materiales»

En el futuro imagino el Tíbet como un remanso de paz y estabi-lidad en el corazón de Asia: una zona de no violencia donde la naturaleza y la humanidad conviven en armonía. Durante cien-tos de años, la meseta tibetana ha sido un tapón vital entre las grandes potencias asiáticas: Rusia, China y la India. Hasta que el Tíbet no sea de nuevo desmilitarizado y se restaure su histórica neutralidad, Asia no contará con un cimiento sólido de paz. El primer paso sería reconocer la verdad sobre el estatus de mi país, el de una nación bajo ocupación extranjera.

–Discurso, 1991

La cuestión no es si el Dalai Lama y los cien mil refugiados podrían regresar al Tíbet. La razón por la que apelamos a las otras naciones no es que deseemos volver y los chinos no nos lo permitan. No es que añore algunos de los privilegios de los que acostumbraba disfrutar y esté enfadado con los chinos por haberme reducido al estatus de refugiado […]. La verdadera cuestión son los sentimientos y el bienestar de seis millones de tibetanos que todavía viven en el Tíbet. ¿Por qué debe recaer sobre ellos un poder extranjero? ¿Por qué no pueden tener la opción de mantener sus creencias, tradiciones, cultura e identidad?

–«Falsas ideas y realidades de la cuestión tibetana»

Durante siglos, los pueblos tibetano y chino han vivido como vecinos: amistosamente la mayor parte del tiempo, y ocasionalmente en guerra y enfrentados. En el futuro, también, no tenemos otra alternativa que convivir como vecinos. Por lo tanto, siempre he animado a los tibetanos en el exilio a conocer personas chinas, a hacerse amigos de ellas y a desarrollar relaciones personales con ellas. He hecho hincapié en pedir a los tibetanos que comprendan la distinción entre el pueblo chino y la política del Gobierno chino.

–Discurso, 1995

Si todos y cada uno de los tibetanos hace un esfuerzo y trabaja por la causa común, no pasará mucho tiempo hasta que el sol de la felicidad brille de nuevo en el Tíbet. Cuando acontezca el alegre momento del reencuentro entre los tibetanos del Tíbet y los tibetanos en el exilio, todo el Tíbet, con sus tres provincias, seguirá un genuino camino de libertad, democracia y unidad, basado en los deseos de su pueblo. Tal y como estipulan las Líneas Maestras para la Política del Futuro Tíbet y los Puntos Básicos de la Constitución, la democracia tibetana se asentará en los principios budistas de la compasión, la justicia y la igualdad.

El Tíbet devendrá una zona de paz, con la protección del medio ambiente como una de las principales prioridades de su Gobierno.

–Mensaje en el Día Mundial de los Derechos Humanos, 1993

Considero que mi compromiso con el estatus de libertad para el Tíbet forma parte de mi práctica espiritual. La cultura tibetana budista morirá tarde o temprano, a menos que se consiga algún grado de autonomía o libertad.

–Discurso, 1997

Fundamentalmente, la cuestión del Tíbet es de carácter político. Es un problema de dominio colonial: la opresión del Tíbet por parte de la República Popular China y la resistencia a esa dominación por parte del pueblo del Tíbet. Esta cuestión sólo puede ser resuelta por la negociación y no, como pretende China, mediante la fuerza, la intimidación y el trasvase de población.

–Discurso, 1996

Creo que el Tíbet será libre sólo cuando su gente sea fuerte, pero el odio no da la fortaleza. Crea debilidad. Buda no estaba siendo muy religioso, en el sentido popular del término, cuando dijo que el odio no acalla al odio. Más bien estaba siendo práctico. Cualquier logro obtenido mediante el odio no puede ser ni duradero ni vinculante. Sólo traerá problemas, tarde o temprano.

–Declaración, 10 de marzo de 1971[7]

7. Cada 10 de marzo, con motivo de la conmemoración del Levantamiento Nacional, el Dalai Lama lee una declaración oficial. (*N. del T.*)

En mis esfuerzos por encontrar una solución negociada a nuestro problema, me he privado de pedir la total independencia del Tíbet. Históricamente, y de acuerdo con la ley internacional, el Tíbet es un país independiente bajo la ocupación china. Sin embargo, a lo largo de los últimos quince años, he optado por un enfoque a medio camino entre la reconciliación y el compromiso, en la búsqueda de una solución pacífica y negociada de la cuestión tibetana. Aunque el abrumador deseo del pueblo tibetano sea recuperar la independencia nacional, he proclamado repetida y públicamente mi voluntad de iniciar negociaciones con el punto de partida de una agenda que no incluye la independencia. La ocupación continuada del Tíbet supone una amenaza creciente a la propia existencia de una identidad nacional y cultural distintiva del Tíbet. Por lo tanto, considero que mi principal responsabilidad consiste en tomar cualquier iniciativa dirigida a salvar a mi gente y su patrimonio único de la aniquilación total.

–Discurso, 1995

Realmente siento que la cultura budista, que hoy se enfrenta a la amenaza de la extinción, debe ser salvada. ¿Cómo? Mediante el diálogo.

Mis esfuerzos en pos del diálogo no han producido ningún resultado satisfactorio en los últimos dieciséis años. Por lo tanto, no queda más alternativa que apelar a la comunidad internacional.

—«La necesidad de equilibrio entre los valores espirituales y materiales»

Una nación está muriendo. Mi fortaleza surge de la justicia de mi causa y, pienso, que de mi compasión, pero necesito ayuda. No sólo con unas cuantas bonitas palabras sino con algún tipo de acción. En mi opinión, la gente joven es proclive a las buenas acciones.

—Discurso, 1996

Europa asiste a un conflicto trágico y recurrente en los Balcanes, allí donde se confunden las placas tectónicas del cristianismo, el islam y las religiones ortodoxas. El Tíbet ocupa un lugar parecido en Asia, rodeado por el hinduismo, el islam y el budismo. Y aun así, el Tíbet, por el carácter pacífico de su gente, ha sabido mantener la estabilidad y evitar los enfrentamientos directos entre esos grupos. He apelado a que el Tíbet sea convertido en una zona de *ahimsa*, una zona de paz. Áreas desmilitarizadas de este tipo han sido creadas en otras partes del mundo. Si se hiciera en el Tíbet, también se nos permitiría desempeñar nuestro papel histórico de mantenimiento de la paz en Asia Central y del Sur.

—Discurso, 1995

En la majestuosa belleza de los paisajes naturales del Tíbet, el pueblo desarrolló su cultura, profundamente influida por las enseñanzas budistas de la India. Aunque atrasada en cuestiones materiales, la sociedad tibetana estaba muy avanzada en cuanto a desarrollo espiritual y mental, lo que reportó paz y armonía a nuestra gente y a nuestras comunidades. El rostro de estos tibetanos que crecieron y vivieron en ese ambiente del pasado inmediato revela su calma natural y su espontaneidad, que es motivo de comentario frecuente entre los visitantes de todo el mundo.

–«El verdadero rostro del Tíbet»

A pesar del carácter represivo, severo y excepcional de los hechos que están sucediendo actualmente en el Tíbet, me siento, básicamente, esperanzado porque la situación general en el mundo indica que el sistema de gobierno del comunismo totalitario no funciona. Y el movimiento democrático en China no sólo sobrevive, sino que está muy activo.

–Discurso, 1995

Es fácil ser solidario con el pueblo y la cultura budista tibetana, una cultura esencialmente de paz y no violencia. Su supervivencia, ahora amenazada de extinción, no sólo beneficiaría a los seis millones de tibetanos, sino también a los millones de personas que comparten la misma cultura budista, al conjunto del Himalaya y de la actual Mongolia –los habitantes mongoles no sólo de Mongolia o de China, sino también de la Federación Rusa–, y, además, a millones de jóvenes chinos que aprecian la cultura budista tibetana.

–«La necesidad de equilibrio entre
los valores espirituales y materiales»

Por desgracia, la respuesta del Gobierno chino a las propuestas ha sido de rechazo total. A mí me llaman el «separatista» que intenta internacionalizar la cuestión del Tíbet. En realidad, lo que he intentado hacer ha sido preservar la identidad cultural y nacional del Tíbet y buscar una solución justa a nuestro problema, una solución que sea aceptable para ambas partes y que beneficie tanto al Tíbet como a China.

–Discurso, 1995

En mi análisis final, corresponde a los pueblos tibetano y chino encontrar por sí mismos una solución justa y pacífica al problema tibetano. Por lo tanto, en nuestra lucha por la libertad y la justicia siempre he intentado seguir un camino de no violencia que asentase una relación basada en el respeto mutuo, la amistad y una sincera vecindad en paz, que pueda ser aceptada por ambos pueblos en el futuro.

–Discurso, 1996

La tragedia del Tíbet es la de una raza entera, un pueblo firmemente opuesto a la dominación extranjera, que está siendo subyugado, oprimido y engullido ávidamente por China. Esto le ha ocurrido no sólo al Tíbet, sino también a la Mongolia interior y al Turquestán oriental [...]. Puede que no parezca correcto que hable de esos dos países que se encuentran en una situación similar, pero he llegado a conocer los sentimientos y las aspiraciones reales de esos pueblos. Su resentimiento contra la dominación china no es inferior al que sienten los tibetanos.

–«Falsas ideas y realidades de la cuestión tibetana»

La lucha tibetana es una lucha por la supervivencia: de un pueblo, de una civilización, de una cultura única, de una tradición espiritual y de nuestro medio ambiente.

–Discurso, 1995

El Tíbet ha sido un país independiente durante más de mil años y creo que el pueblo tibetano goza del derecho a elegir su independencia.

Sin embargo, también es una realidad política que el Tíbet se halla bajo dominación china. Por lo tanto, con el objetivo de encontrar una solución aceptable, he postulado un solución «intermedia» para resolver el problema. Mi solución concuerda con el mensaje de Deng Xiaoping, en el que dijo que «cualquier cosa, excepto la independencia, puede ser debatida». En el espíritu de esas palabras, durante los últimos quince años se han desplazado seis delegaciones oficiales a China y al Tíbet y mi enviado personal ha visitado China al menos diez veces. También he hecho diversas propuestas al Gobierno chino. Esas propuesta han sido lanzadas en foros de prestigio internacional como prueba de mi seriedad y sinceridad.

–Discurso, 1995

Los actuales líderes chinos deben abandonar los antiguos dogmas estrechos de miras y el miedo a perder prestigio y reconocer las situaciones del mundo actual. Deben aceptar sus errores, sus realidades y el derecho de todos los pueblos de la raza humana a la igualdad y a la felicidad. Esta aceptación no debe ser meramente teórica, sino que debe ser aplicada en la práctica. Entonces todos los problemas podrán ser resueltos con honestidad y justicia.

–Declaración, 10 de marzo de 1979

En tanto que Dalai Lama, mi principal preocupación es el Tíbet y sus seis millones de habitantes. En tanto que monje budista, debo preocuparme por los medios para contribuir al bienestar de todos los seres –incluso de los insectos y los animales superiores– y, particularmente, de la humanidad. En tercer lugar, como ser humano, constantemente tengo la sensación de que hoy en día necesitamos la asunción de la unicidad de todos los seres humanos.

–Discurso, 1986

La cuestión del Tíbet ni cesará por su propia inercia, ni podrá ser desatendida. Como demuestra claramente el pasado, ni la intimidación ni la coerción del pueblo tibetano traerán la solución. Tarde o temprano, el liderazgo de Pekín deberá enfrentarse a esta realidad. En verdad, el problema del Tíbet representa una oportunidad para China. Si se resuelve mediante la negociación, no sólo ayudará a crear una atmósfera política apropiada para una transición tranquila de China hacia una nueva era, sino que la imagen de China en todo el mundo saldrá reforzada. Un acuerdo negociado adecuadamente tendría, además, un impacto positivo en los pueblos de Taiwan y de Hong Kong,[8] y serviría para mejorar las relaciones chino-indias, basadas en una confianza auténtica. Además, si nuestra cultura budista puede florecer otra vez en el Tíbet, confiamos en que seamos capaces de hacer una contribución significativa a los millones de hermanos chinos, compartiendo con ellos sus valores espirituales y morales, que también ellos echan de menos en la China de hoy en día.

–Discurso, 1996

Todavía me siento comprometido con el espíritu de mi solución de «vía intermedia», y tengo la esperanza de que los continuados

8. La recopilación de estos discursos es anterior a la recuperación por parte de China de la soberanía de Hong Kong. Respecto a Taiwan, China nunca lo ha reconocido como país independiente y lo reclama como territorio suyo. (N. del T.)

esfuerzos internacionales para persuadir al Gobierno chino de que se siente a negociar pronto depararán resultados tangibles.

–Declaración, 10 de marzo de 1995

En la actualidad, cuando el mundo se apresta a entrar en el siglo XXI, China pasa por una coyuntura crítica. Por una parte está deviniendo rápidamente una potencia económica, política y militar. Y por la otra, en la sociedad china se están operando cambios profundos. El liderazgo chino afronta un cambio generacional. La gente exigirá tarde o temprano libertad, democracia, igualdad y respeto a los derechos humanos. La transformación del actual régimen totalitario en uno más plural y democrático es inevitable; las únicas incógnitas son el cómo y el cuándo y si presenciaremos una transición tranquila o traumática.

–Discurso, 1995

Estoy estudiando la posibilidad de visitar el Tíbet[9] tan pronto como sea posible. Tengo en mente dos propuestas para esa visita. Primero, deseo comprobar la situación del Tíbet por mí mismo, sobre el terreno, y comunicarme directamente con mi gente. Con esta iniciativa pretendo sensibilizar al Gobierno chino para que entienda los verdaderos sentimientos de mi pueblo. Por lo tanto, sería importante que relevantes líderes chinos me acompañasen en la visita, y eso incluye a observadores y prensa extranjera, para que puedan ver y dar fe de los hechos. En segundo lugar, deseo aconsejar y convencer a mi pueblo de que no abandone la no violencia como método adecuado de lucha. Mi capacidad para hablar a mi gente puede ser un factor clave para aportar una solución pacífica. Mi visita puede ser una nueva oportunidad para promover el entendimiento y crear las bases para un solución negociada.

–Discurso, 1991

9. Todavía hoy, en 1999, el Dalai Lama no ha regresado al Tíbet desde su huida en 1959. (N. del T.)

La democracia en China tendrá importantes consecuencias para el Tíbet. Muchos de los líderes del movimiento prodemocrático chino reconocen que los tibetanos han sido maltratados por Pekín y creen que esa injusticia debe ser reparada. Muchos han declarado abiertamente que a los tibetanos se les debe otorgar la oportunidad de manifestar y aplicar su derecho a la autodeterminación. Incluso bajo el actual dominio del partido único, China ha experimentado cambios radicales en los últimos quince o dieciséis años. Estos cambios tendrán continuidad. Sigo siendo optimista al pensar que esa transformación hará posible que los líderes chinos se animen a resolver de forma pacífica el problema del Tíbet mediante el diálogo.

–Discurso, 1996

Debemos mejorar las relaciones entre China y el Tíbet y entre los tibetanos que viven en el país y en el extranjero. Sobre la base de la verdad y la igualdad, debemos intentar desarrollar la amistad entre los tibetanos y los chinos en pos de un mejor entendimiento futuro. Ha llegado el momento de aplicar nuestra sabiduría común a un espíritu de tolerancia y de amplitud de miras, para que el pueblo tibetano pueda alcanzar, con carácter urgente, la felicidad genuina. Por mi parte, sigo comprometido a contribuir al bienestar de todos los seres humanos, y en particular de los pobres y débiles, a dar lo mejor de mí mismo sin distinción alguna inspirada en las fronteras nacionales.

–Carta a Deng Xiaoping, 23 de marzo de 1981

A causa de la influencia que Estados Unidos puede tener en los acontecimientos de China, la solución al problema tibetano también depende de sus acciones. La política estadounidense respecto a China debe ser activa y no reactiva. Debe estar pensada para fomentar la democracia, el imperio de la ley y el respeto a los pueblos actualmente bajo dominación de los comunistas chinos.

–Discurso, 1995

El año pasado un amigo íntimo estuvo algún tiempo en Lhasa. Tras su regreso, le pregunté dónde se había alojado y me explicó que con algunos familiares y conocidos del barrio tibetano. Entonces le pregunté qué había comido para desayunar y me quedé un tanto sorprendido cuando me contestó que por la mañana le daban arroz. Los tibetanos siempre hemos desayunado *tsampa* (gachas de avena ligeramente tostadas). Creo que todo tibetano, desde el Dalai Lama hasta un vagabundo, elegiría *tsampa* para desayunar. Ahora, como se desprende de este relato, los hábitos de las familias tibetanas confinadas a un área de Lhasa, son chinos. Su estilo de vida está cambiando por completo, su mentalidad también lo está haciendo. Éstos son los éxitos de los líderes chinos y de su estrategia.

—Discurso, 1996

Al margen de si la sociedad tibetana previa a la ocupación china se había desarrollado en el sentido moderno del término o no, la realidad era que, en general, la gente disfrutaba de los derechos elementales y de libertad. Asimismo, el indecible sufrimiento que los tibetanos están soportando bajo el yugo chino no tiene precedentes en nuestra historia. Este hecho ha sido reconocido por la comunidad internacional.

No tengo dudas de que la luz de la verdad, de la libertad y de la democracia que brilla sin ser ofuscada y con intensidad creciente en los diferentes continentes alumbrará progresivamente al Tíbet.

–Mensaje en el Día Mundial de los Derechos Humanos, 1993

La lucha de los tibetanos es una lucha no violenta. Nos inspiramos en las enseñanzas de amor y compasión de Buda, y en la práctica de la no violencia de los grandes líderes, el Mahatma Gandhi y Martin Luther King. Para mí, el camino de la no violencia es una cuestión de principios y mi adhesión al mismo es absoluta y firme.

–Discurso, 1995

La lucha por la libertad del pueblo tibetano se halla en la actualidad en una encrucijada. Recientemente, el Gobierno chino ha endurecido su política, ha aumentado la represión en el Tíbet y ha recurrido a tácticas tiránicas para resolver los problemas de la región. El respeto de los derechos humanos, por desgracia, no ha mejorado. Por el contrario, la represión y la persecución política han alcanzado cotas desconocidas en el Tíbet. Todo esto ha sido recogido, documentado y hecho público por diversas organizaciones internacionales pro derechos humanos.

–Discurso, 1996

La China del futuro, en su transición de un estado totalitario a una sociedad más plural y democrática, deberá afrontar de forma inevitable el problema del Tíbet. Si se soluciona adecuadamente, no sólo contribuirá a la transición de China, sino que repercutirá en la alianza de los tibetanos con el proceso democrático de China. Si la cuestión no se resuelve satisfactoriamente, la propia transición china estará amenazada. La decisión de suprimir por la fuerza un movimiento pacífico en el Tíbet hará el juego a los elementos antidemocráticos de la sociedad china y fortalecerá su posición, dañando los propios esfuerzos de China para dotarse de una transición tranquila.

–Discurso, 1995

Los chinos se presentaron en el Tíbet como «liberadores» y no como «agresores». En tanto que liberadores, deberían haber aportado beneficios al pueblo tibetano. En su lugar han traído nuevos sufrimientos y destrucción. La mayoría de los monasterios han sido destruidos. Si los chinos hubieran adoptado una actitud realmente amistosa, ahora la mayoría de los tibetanos diría: «Perfecto, soy feliz». Pero no es el caso.

–Discurso, 1984

Durante siglos, tibetanos y chinos han vivido en buena vecindad. En el futuro tampoco tendremos más alternativa que hacerlo. Por lo tanto, siempre he concedido gran importancia a nuestra relación. En este espíritu siempre he predicado que debemos tender la mano a nuestros hermanos chinos en Occidente y en Asia.

–Discurso, 1996

El pueblo tibetano tiene una gran confianza y cree que el Dalai Lama les traerá la libertad. Pero yo soy simplemente un monje budista. Sólo poseo la fuerza de la compasión y la fuerza que nace de la justicia de mi causa.

–Discurso, 1996

Los chinos han perseguido tanto las actividades religiosas que han logrado el resultado contrario. Incluso los tibetanos más ancianos se sorprenden del grado de fe religiosa existente hoy en día. No hay ningún comunista militante entre toda la juventud tibetana. De los viejos tibetanos que se unieron al Partido

Comunista en los años treinta y cuarenta, casi todos han caído en desgracia. Los jóvenes tibetanos comunistas son iletrados, aduladores de mente estrecha. Algunos ni tan sólo saben leer en tibetano. Naturalmente, la gente no los respeta y los llama «helicópteros», porque suben muy deprisa.

–Discurso, 1984

Los drásticos cambios globales de los últimos años reafirman mi creencia de que el pueblo tibetano está ahora a nuestro alcance.

–Declaración, 10 de marzo de 1983

El mundo tiene muy poca memoria. En unos años puede haberse olvidado del Tíbet y de lo que ha sucedido allí por completo. Y entonces los líderes chinos habrán culminado su éxito. No lo podemos tolerar.

–Discurso, 1996

Que el Tíbet se convierta en una zona de paz será una gran contribución a Asia –la India y China son las dos naciones más populosas del planeta– y a la paz en el mundo. Hasta que no llegue ese momento, la cultura tibetana y budista y nuestro estilo de vida (y no sólo la religión budista, pues también hay tibetanos musulmanes; me refiero a la cultura, a una forma de vida) estarán amenazados de extinción. Esa cultura también posee un gran potencial para convertirse en una contribución enorme a la paz mental, no sólo de los seis millones de tibetanos sino de la gente de todo el mundo.

–Discurso, 1995

La cuestión tibetana incumbe a la paz en un doble sentido. Primero geográficamente, pues el Tíbet está situado entre la India y China y una vez sea una zona de paz [...] puede representar una gran contribución para esa parte del mundo. Y segundo, en lo referente a la cultura tibetana, a la que suelo referirme como «cultura budista». Es recomendable distinguir entre el budismo y la cultura budista. He constatado en muchos tibetanos musulmanes que su estilo de vida y de pensamiento se circunscribe en buena parte a la cultura budista. Pues esta cultura es básicamente, en mi opinión, de naturaleza pacífica. La cultura budista posee el tipo de actitud correcta que reporta paz a los seres humanos, a los animales y al medio ambiente. Ese tipo de cultura budista que intuyo que es de un gran potencial no sólo beneficia a los seis millones de tibetanos, sino a la comunidad más amplia de esta región del mundo.

–Discurso, 1995

Nuestra lucha no es ideológica. Por ejemplo, los tibetanos no se oponen a las reformas, al comunismo o a los cambios. Ni siquiera albergamos un sentimiento de odio contra el pueblo chino como tal. Simplemente luchamos por nuestros derechos contra la ocupación ilegal de nuestro país por parte de una fuerza extranjera. Luchamos por la justicia, por el derecho al autogobierno, por la libertad para determinar nuestro propio futuro. Y nuestra lucha continuará hasta que los seis millones de tibetanos no se sientan satisfechos.

–Mensaje en el Día Mundial de los Derechos Humanos, 1993

Las violaciones de los derechos humanos en el Tíbet son de un talante específico. Son abusos infligidos a los tibetanos por su condición de pueblo que reivindica su identidad y su deseo de conservarla.

Así, las violaciones de los derechos humanos en el Tíbet son, a menudo, el resultado de una discriminación cultural y racial institucionalizada. Si se pretende mejorar la situación de los derechos humanos, primero habrá que resolver la cuestión del Tíbet.

–Discurso, 1996

En el Tíbet, nuestra gente está siendo marginada y discriminada en nombre de una progresiva «chinización». El deterioro y la destrucción de las instituciones y tradiciones culturales y religiosas, junto con el traslado masivo de población china al Tíbet, conforma un genocidio cultural. La propia supervivencia de los tibetanos como pueblo diferenciado se encuentra en permanente amenaza. De forma similar, los episodios de destrucción ecológica, que tendrán serias consecuencias más allá de la meseta tibetana, y el progreso económico indiscriminado deben ser considerados dentro de la problemática del Tíbet.

–Discurso, 1996

A veces presiento que cuando volvamos al Tíbet y las cosas se normalicen, seguiré el ejemplo del Mahatma Gandhi, que fue un luchador por la libertad, pero que una vez la India obtuvo su independencia, no dirigió al país.

–Discurso, 1984

El dalai lama es una persona; incluso la institución del dalai lama se estableció en un momento dado de la historia tibetana. En el futuro puede desaparecer, pero la nación tibetana siempre permanecerá.

–Discurso, 1985

Los tibetanos nos quejamos del hecho de que China haya invadido nuestro país y ahora lo esté colonizando. Pero eso no significa que odiemos a los chinos. Ellos nos han sometido a una prueba suprema de coraje. Ahora ya ha llegado el momento de que se vayan.

–Discurso, 1986

A pesar de que los tibetanos tengamos que oponernos a la China comunista, nunca llegaré a odiar a su pueblo. El odio es un signo de debilidad, no de fortaleza. Cuando Buda dijo que el

odio no acalla al odio, no estaba siendo sólo espiritual. Sus palabras reflejaban la realidad práctica de la vida. Cualquier cosa
lograda a través del odio se desvanecerá. Y, además, el odio traerá más problemas. Y para el pueblo tibetano que se enfrenta a
una situación tan trágica, el odio no conseguirá más que aumentar su tristeza. Aún más, ¿cómo podemos odiar a una gente que
no sabe lo que está haciendo? ¿Cómo podemos odiar a millones de
chinos que no gozan de poder y han sido abandonados a la
desesperación por sus líderes? Incluso no podemos odiar a los
líderes chinos, porque ellos sufren terriblemente por su nación
y por la causa que consideran justa. No creo en el odio, pero
creo, como siempre lo he hecho, que algún día triunfarán la verdad y la justicia.

–Declaración, 10 de marzo de 1973

Tenemos derecho a decidir nuestro destino en coherencia con
nuestra cultura e identidad. Nadie tiene derecho a colonizar a
los demás. Creo que el énfasis budista en el amor, la compasión
y la paciencia nos ha ayudado considerablemente a salir adelan-

te en este periodo de dificultad de nuestra historia. Nos ha ayudado a mantener el sentido de claridad, fortaleza y humor. El pueblo tibetano todavía puede sonreír y reír. Todavía puede mirar al futuro con esperanza.

–Discurso, 1996

Quisiera rendir homenaje a los hombres y mujeres valientes del Tíbet que han muerto por la causa de nuestra libertad. Rezo también por nuestros compatriotas que en estos momentos están soportando el sufrimiento mental y físico en las prisiones chinas. No pasa día sin que vierta mis fervientes plegarias por un pronto final del sufrimiento de nuestro pueblo. Creo que la cuestión, hoy en día, ya no se reduce a si el Tíbet deber ser liberado o no, sino con qué prontitud.

–Declaración, 10 de marzo de 1995

Paz y guerra

La paz, en el sentido de ausencia de guerra, tiene poco valor para alguien que se está muriendo de hambre o de frío. La paz no conseguirá anular el dolor de la tortura infligida a un preso de conciencia. No reconfortará a aquellos que han perdido a sus seres queridos en las inundaciones provocadas por una descabellada deforestación en un país vecino. La paz sólo puede perdurar allá donde los derechos humanos sean respetados, donde la gente esté alimentada, y donde las naciones y los individuos sean libres. La verdadera paz con uno mismo y con quienes nos rodean sólo puede ser alcanzada por medio de la paz mental. Los otros fenómenos mencionados guardan una interrelación similar.

–Discurso de aceptación del premio Nobel, 1989

Recientemente hemos visto cómo las libertadas recobradas, ampliamente celebradas en todas partes donde se han logrado, han dado lugar a dificultades económicas y han desencadenado tensiones étnicas y religiosas que están sembrando las semillas de un nuevo ciclo de conflictos. En el contexto de la nueva comunidad global emergente, toda forma de violencia, y en especial la guerra, resulta absolutamente inaceptable como forma de resolver las disputas. Por lo tanto, sería apropiado pensar y discutir nuevos métodos para evitar futuros problemas y para conservar el impulso de cambio positivo y pacífico.

—«Desarme, paz y compasión»

He escuchado en la BBC que cerca de dieciocho millones de personas en África corren el peligro de morir de hambre. Por supuesto, una de las causas inmediatas es la sequía, pero otra es la guerra civil pertinaz. Se está gastando un montón de dinero en armas y se está dejando de lado la agricultura. Todas esas realidades desgraciadas guardan relación, en última instancia, con las armas. Los acantonamientos militares y las guerras forman parte de la historia humana. Pero creo que actualmente las cosas han cambiado por completo y debemos movernos en una nueva forma de pensamiento. Al fin y al cabo, estamos dotados de una inteligencia humana y esa inteligencia no ha sido creada para la destrucción. Si la utilizamos para destruir, su uso será muy desafortunado.

—«Responsabilidad universal y ecología mental»

Nuestro planeta fue bendecido con vastos tesoros naturales. Si los administramos sabiamente, empezando por la eliminación de la militarización y la guerra, todo ser humano podrá llevar una existencia sana y próspera. Naturalmente, la paz global no puede venir de golpe. Todos, cada miembro de la comunidad mundial, tenemos la responsabilidad moral de contribuir a evitar el sufrimiento inmenso que generan la guerra y la lucha civil. Debemos encontrar un método pacífico y no violento para que las fuerzas de la libertad, la verdad y la democracia puedan desarrollarse con éxito a medida que los pueblos salen de la opresión.

—Desarme, paz y compasión

En tiempos antiguos, las guerras se libraban con enfrentamientos cuerpo a cuerpo, de hombre contra hombre. El vencedor en la batalla observaba, de forma directa, la sangre y el sufrimiento del enemigo derrotado. Actualmente, es mucho más terrorífico porque un hombre puede apretar un botón desde un despacho y matar a millones de personas sin contemplar nunca la tragedia humana que ha provocado. La mecanización de la guerra, la mecanización de los conflictos humanos, supone una amenaza creciente para la paz.

–Discurso, 1992

La responsabilidad no recae solamente sobre los líderes de nuestros países o sobre aquellos que han sido designados o elegidos para ocupar un determinado cargo. La responsabilidad recae sobre cada uno de nosotros de forma individual. La paz empieza en la mente de cada uno. Cuando tenemos paz interior, podemos estar en paz con quienes nos rodean. Cuando nuestra comunidad está en paz, puede compartir esa paz con las comunidades vecinas, y así sucesivamente. Cuando sentimos amor y bondad por los demás, no sólo los demás se sienten queridos y cuidados, sino que nos ayuda a desarrollar la paz y la felicidad mentales.

–Discurso de aceptación del premio Nobel, 1989

A pesar de que la guerra siempre ha formado parte de la historia humana, en tiempos pasados había vencedores y vencidos. Si ahora hubiese una disputa nuclear, no habría ni vencedores y vencidos. Algunos pasos se han dado para eliminar las armas nucleares una vez se ha asumido este riesgo. Es un signo que debe ser bienvenido. Sin embargo, en un mundo volátil, el riesgo continúa mientras exista un solo puñado de esas armas.

–«Desarme, paz y compasión»

Las guerras surgen del fracaso de los seres humanos en comprenderse mutuamente. En lugar de reuniones en la cumbre, ¿por qué no hacemos que las familias disfruten de un *picnic* y se conozcan mientras los niños juegan juntos?

–Discurso, 1984

La amenaza de destrucción nuclear es el mayor peligro al que se enfrentan todos los seres vivos de este planeta. Al lado de ella, los otros problemas, cuyos efectos son más graduales, son secundarios. En una época de preocupación por acrecentar las libertades democráticas y los derechos humanos, resulta contradictorio continuar impulsando políticas que tienen en poca consideración el derecho de cada ser a la vida. En un caso de guerra nuclear, nadie ganaría porque nadie sobreviviría. La clave para cambiar este tipo de políticas no es otra que una mayor concienciación sobre el problema.

–«Desarme, paz y compasión»

En la comunidad internacional existe una creciente concienciación sobre el peligro que entraña la firme confianza en la fortaleza militar y en el comercio de armas, incluidas las de destrucción masiva. El desarme total será difícil, pero creo que será necesario a largo plazo. Costa Rica, un pequeño país en un área estratégica y turbulenta, abolió su ejército en 1948. Estoy convencido de que mucha gente pensó que la medida no podía ser duradera. Y ese país ha logrado mantener su integridad sin ejército durante cuarenta años. Siguiendo el ejemplo de Costa Rica, vuestro renovado compromiso con la no violencia puede proporcionar el impulso necesario para el desarme global. Una firme postura de defensa de vuestra recién recobrada libertad sin recurrir a la fuerza sería realmente inspiradora.

–Discurso, 1991

En la crisis de la guerra del Golfo, Estados Unidos aportó el principal contingente. Pero ese conflicto alumbró un sistema de fuerzas colectivas, resultado de la situación mundial. En el futuro, las fuerzas políticas o militares deberán constituirse en un equilibrado reparto entre naciones grandes y pequeñas. Esas fuerzas colectivas estarán controladas por un liderazgo colectivo de carácter internacional. Las fuerzas podrían ser movilizadas a cualquier zona. Si se avanza en este sentido, no habrá más conflictos violentos entre naciones ni más guerras civiles. Por otra parte, nos ahorraremos mucho dinero y también mucha destrucción. Y así se podría reducir de alguna manera el miedo que se respira en el mundo.

–«Responsabilidad universal y ecología mental»

La erradicación de la violencia no es una tarea tan difícil como podría parecer en un principio. Sólo una pequeña proporción de los cinco mil millones de personas del mundo están implicados en los actos de violencia. Una inmensa mayoría está comprometida en actos de amor, de protección y de solidaridad. Es mi creencia que la fuerza dominante en la mente humana no es la violencia, sino, al contrario, la compasión y el pacifismo.

–Discurso, 1991

El aniversario del bombardeo de Hiroshima y Nagasaki nos recuerda la naturaleza terrible de la destrucción nuclear. Es instantánea, total e irreversible. Igual que nuestra negligencia y abuso respecto al medio ambiente, esta destrucción tiene el potencial de repercutir en nuestras vidas, no sólo en las personas indefensas que viven en diversas partes del mundo, sino también en las generaciones venideras.

—«Desarme, paz y compasión»

Debemos controlar la ira y el odio mentales. Y a medida que aprendamos a ser pacíficos podremos mostrarnos a la sociedad de una manera que contribuya realmente a la paz mundial. Poco valor tendrá que loemos la paz mundial y luego estemos permanentemente enfadados. Así que, en primer lugar, el yo individual debe aprender la paz, cosa que se puede practicar. Y luego se podrá enseñar al resto del mundo.

—Discurso, 1984

El ejercicio de la guerra y el odio se fundamentan siempre en un malentendido sobre la felicidad humana y en la desconfianza entre la gente. Si los líderes pudieran entrevistarse directamente, empezarían a verse como personas, como seres humanos, y entonces habría posibilidades de hacer crecer el entendimiento y la compasión. Aun cuando esas conversaciones no fueran amistosas al principio, brindarían una oportunidad para desarrollar el entendimiento.

–Discurso, 1984

Nuestro objetivo último debe ser la desmilitarización completa del planeta. Si se planificara adecuadamente y la gente fuera educada para comprender sus ventajas, creo que sería posible. Aunque podamos hablar de conseguir una desmilitarización global, debemos empezar con algún tipo de desarme mental. La paz mental es la clave para una paz mundial genuina, cuyos cimientos serían un sentido de comprensión y respeto por los demás en tanto que seres humanos y en nombre de la compasión y del amor.

—Desarme, paz y compasión

Una vez comenté que el peor acontecimiento del siglo en este planeta había sido la Revolución de Octubre en Rusia. Porque para alcanzar y sostener esa revolución se derramó mucha sangre. Aunque he sentido mucha simpatía por el marxismo original, su práctica y su eventual desarrollo, sus consecuencias, han sido terribles. En determinadas etapas, las armas en general y las nucleares en particular proporcionaron algún bien al que llamamos *disuasión*. Ahora ha caído el muro de Berlín y el imperio comunista soviético se ha venido abajo. Eso deja a China como único país comunista. Ahora ya no existe el peligro del comunismo, así que creo que las armas nucleares ya cumplieron su función. Ha llegado la hora de dar el adiós definitivo a esas armas de pesadilla. No las necesitamos más.

—«Responsabilidad universal y ecología mental»

Desde el punto de vista humano, nadie quiere la guerra porque conlleva un sufrimiento indecible. Todos quieren la paz. Pero necesitamos una paz genuina. La paz más genuina se consigue mediante la confianza mutua y la asunción de que debemos convivir juntos como hermanos sin intentar destruirnos los unos a los otros. Incluso si una nación o una comunidad detesta a la otra, no hay más alternativa que la convivencia. Y en cualquier circunstancia sale más a cuenta vivir juntos felizmente.

–«Desarme, paz y compasión»

Al margen de que uno sea creyente o no, en tanto que miembro de la familia humana, precisa de sentimientos de bondad. La cuestión de la paz mundial, la cuestión de la paz entre marido y mujer, de la paz entre padres e hijos, depende de los sentimientos de amor y de bondad.

–Discurso, 1984

La tecnología, la ciencia y el desarrollo económico deben reportar alguna felicidad, algún provecho a la humanidad. Creo que se ha acabado la época de pensar sólo en el beneficio económico. Así, en el contexto actual, tenemos que pensar seriamente en la maquinaria de la guerra y en la industria del armamento. Sobre todo de las armas nucleares. Tenemos que pensarlo muy detenidamente, muy en serio. La respuesta es, creo, que debemos rezar y debemos imaginar claramente un futuro a largo plazo, un mundo sin armamento, un desarme auténtico. Por supuesto, esto no puede hacerse de la noche a la mañana. Debe hacerse paso a paso, de una forma realista. Pero resultará esencial tener esa idea, esa visión, y esforzarse desde un punto de vista individual, colectivo y, finalmente, gubernamental.

–«La necesidad de equilibrio entre los valores espirituales y materiales»

Pienso que debemos reflexionar en serio sobre el comercio de armas. Si de verdad deseamos una paz genuina, debemos reflexionar, debemos estar preparados. Una paz genuina, una paz mundial duradera, sólo puede alcanzarse mediante la paz interior. No mediante las armas. Por supuesto, en el pasado, las armas nucleares eran disuasorias y, hasta cierto punto, funcionaron. Pero también creo que mantuvieron la paz mediante el miedo, y ésa no es la verdadera paz. La paz genuina debe surgir de un sentido de preocupación, del amor y de la compasión y el respeto. Así que mientras reflexionamos seriamente sobre la idea de la desmilitarización, debemos reflexionar seriamente al mismo tiempo sobre el desarme mental. Mediante la educación, la vida familiar, tanto en casa como en la escuela, haciendo hincapié en los valores humanos profundos, en los principios morales, en la autodisciplina. Y por eso, cuando digo principios morales, no necesariamente hablo de fe, de fe religiosa, sino simplemente del compromiso con la realidad de la naturaleza humana y la realidad del mundo.

«La necesidad de equilibrio entre los
valores espirituales y materiales»

La guerra y las presencias militares prolongadas son las principales causas de violencia en nuestro mundo. Sea su propósito defensivo o de ataque, esas poderosas organizaciones han sido creadas exclusivamente para matar a seres humanos. La guerra no tiene *glamour* ni atractivo.

Como el fuego en una comunidad, consume a los seres vivos, y su verdadera naturaleza es la tragedia y el sufrimiento.

–«Desarme, paz y compasión»

Cuando enfermamos de gravedad necesitamos medicinas y a veces incluso hasta ciertas sustancias tóxicas. Pero una vez hemos sanado, esas medicinas tóxicas deben suprimirse. Guardarlas es realmente peligroso. Ahora vivimos una época favorable y debemos reflexionar seriamente. En primer lugar, debemos eliminar las armas nucleares y biológicas. También debemos reflexionar con rigor sobre el mismo concepto de guerra y de ejército. Una reciente propuesta china sobre la prohibición total de las armas nucleares es positiva; que realmente estén convencidos de ello es otra cuestión. Hace poco llevaron a cabo una prueba nuclear. Eso es horrendo.

–«Responsabilidad universal y ecología mental»

En la misma medida que los seres humanos existimos, también existen el conflicto, los desacuerdos y los distintos puntos de vista. Eso debe darse por seguro. Por tanto, si utilizamos métodos violentos para reducir los desacuerdos o los conflictos, creo que provocaremos violencia diaria. Y la violencia generará más resentimiento, más desafecto.

–«La compasión, base de la felicidad humana»

Todos predicamos la paz, pero cuando las cosas guardan relación con el interés propio, nadie se preocupa de la guerra, del crimen, del robo […]. En circunstancias de este tipo se debe ser moderado y práctico. Necesitamos políticas de largo alcance.

Noto en lo más profundo de mi ser que hallaremos algún nuevo tipo de sistema educativo para las jóvenes generaciones, que ponga mayor énfasis en el amor, la paz, la fraternidad, etcétera. Uno o dos países no pueden hacerlo: debe ser un movimiento mundial.

–Discurso, 1982

A lo largo de la historia, la humanidad ha perseguido la paz por diferentes caminos. La carnicería masiva de la que hemos sido testigos en nuestro siglo nos ha proporcionado el estímulo y la oportunidad para controlar la guerra. Para hacerlo está claro que debemos desarmarnos. Y eso sólo puede suceder en el contexto de unas nuevas relaciones políticas y económicas.

–«Desarme, paz y compasión»

Siempre he creído que la determinación humana y la verdad prevalecen en última instancia sobre la violencia y la opresión. Hoy en día están teniendo lugar en todo el mundo importantes cambios que incidirán en nuestro futuro y en el futuro de la humanidad y del planeta que compartimos. Las decisiones valientes de los líderes mundiales han facilitado una resolución pacífica de los conflictos. La esperanza por lograr la paz, por preservar el medio ambiente, y por dar un enfoque más humano a los problemas mundiales parece más grande que nunca.

–Discurso, 1982

Vale la pena y es importante hacer un esfuerzo individual por detener, o al menos minimizar, el peligro de guerra. Aquellos que realmente conocen estos peligros […] como médicos y científicos, que pueden explicarlos claramente, deben levantar sus voces y hablar claro. Pueden hacerlo de forma técnica o informal, de modo que los demás los entiendan. Después, desde un punto de vista espiritual, deben hablar de la importancia de preservar la vida humana.

–Discurso, 1973

Esas armas terribles (las nucleares) no pueden funcionar solas; precisan de un dedo humano que apriete el fatídico botón para que sean operativas. El dedo, en sí mismo, no puede juzgar. Está controlado por el cerebro. El cerebro está controlado por la conciencia. Así que automáticamente vamos a parar al alma. Y en ese lugar habitan el odio, el resentimiento y la cólera, y las personas pueden volverse locas. De esta forma, el control que ejercen el amor y la compasión desaparecen y se ordena al dedo que haga el gesto.

–Discurso, 1985

La formidable proporción de recursos empleados en el desarrollo militar no sólo impide la erradicación de la pobreza, del analfabetismo y de las enfermedades, sino que también requiere el sacrificio de la preciada inteligencia humana de nuestros científicos. ¿Por qué debe desperdiciarse su brillantez de esta manera, cuando podría ser utilizada para un desarrollo global positivo?

—«Desarme, paz y compasión»

Debemos reflexionar seriamente sobre el comercio de armas. La guerra es una fuente de beneficios para los fabricantes de armas, pero si lo pensamos detenidamente, existe otra cara: la del sufrimiento inmenso. Habitualmente, cuando se declara una guerra civil o se realiza un bombardeo, sus primeras víctimas son hombres, mujeres y niños inocentes. Si las primeras bajas correspondieran a los causantes del conflicto, entonces podría haber algún tipo de justificación, pero, normalmente, eso no ocurre. Los verdaderos responsables suelen estar en alguna parte, rodeados de comodidades, mientras la gente inocente sufre.

—«La necesidad de equilibrio entre los
valores espirituales y materiales»

Hablamos mucho sobre la paz. Pero la paz sólo tiene posibilidades de existir en un ambiente propicio. Debemos procurar ese ambiente. Y para lograrlo debemos adoptar una actitud correcta. Por lo tanto, la paz surgirá, en esencia, de nuestra mente.

–Discurso, 1984

El primer paso en pos de la desmilitarización global debe consistir en el desmantelamiento total de las armas nucleares, biológicas y químicas. El segundo paso debe ser la eliminación de las armas de ataque. Y el tercero, la abolición de todas las fuerzas nacionales de defensa. Para proteger y salvaguardar a la humanidad de futuras agresiones se puede crear una fuerza internacional en la que contribuyan todos los estados miembros.

–«Desarme, paz y compasión»

Antes que enseñar y cambiar a los demás, debemos cambiar nosotros mismos. Debemos ser sinceros, honestos y bondadosos.

–Discurso, 1982

En la Biblia hay un versículo maravilloso sobre la conversión de
las espadas en rejas de arado. Es una imagen hermosa: un arma
transformada en una herramienta al servicio de las necesidades
humanas básicas, una imagen simbólica de una actitud de desarme interior y exterior. Con el espíritu de ese mensaje bíblico,
creo que es importante que hoy en día resaltemos el carácter de
urgencia de una política que ha sido demorada largo tiempo: la
desmilitarización del planeta entero.

–«Responsabilidad universal y ecología global»

Los problemas relativos al desarrollo económico a los que se
enfrenta la sociedad humana, tales como la crisis energética, la

tensión entre las naciones ricas y pobres, y diversos conflictos geopolíticos, pueden ser resueltos si los unos y los otros comprendemos la humanidad fundamental, el respeto a los derechos de los demás, si compartimos los problemas y los sufrimientos ajenos, y entonces aunamos esfuerzos.

–Discurso, 1984

Los efectivos militares son destructivos no únicamente en tiempos de guerra. Por su misma concepción, son los más simples agentes violadores de los derechos humanos. Una vez que un ejército se ha convertido en una fuerza poderosa, existe el riesgo de que destruya la felicidad de su país. Mientras existan ejércitos poderosos acechará el peligro de una dictadura.

–«Desarme, paz y compasión»

La paz mental es el primer paso esencial para alcanzar la paz en el mundo, una paz auténtica y duradera. ¿Cómo cultivarla? Muy fácil. En primer lugar, apercibiéndonos sin duda de que toda la humanidad es una, de que los seres humanos de cada país son miembros de una única y misma familia. Es decir, todas esas disputas y bloqueos entre países son disputas familiares y no deben exceder ciertos límites.

–Discurso, 1985

Las naciones destinan trillones de dólares a sus presupuestos militares. ¿Cuántas camas de hospital, escuelas y viviendas podrían conseguirse con ese dinero?

–«Desarme, paz y compasión»

No violencia

La *ahimsa* o no violencia es una poderosa idea que el Mahatma Gandhi divulgó por todo el mundo. No violencia. Este concepto es algo más positivo, más significativo de lo que estas dos palabras, tomadas literalmente, expresan. La verdadera expresión de la no violencia es la compasión.

Algunas personas parecen creer que la compasión no es más que una respuesta emocional pasiva, en lugar de un estímulo racional para actuar. La vivencia de la compasión genuina consiste en desarrollar un sentimiento de intimidad con los demás, combinado con un sentido de responsabilidad por su bienestar.

—«La verdadera expresión de la no violencia es la compasión»

La no violencia no es la simple ausencia de violencia. La no violencia es tener la oportunidad de hacer daño y abstenerse de hacerlo. Eso es la no violencia. Así pues […] considero que la no violencia es el reflejo o la manifestación del amor y la compasión humanas […]. Eso es la no violencia […] es tan inseparable como la bondad de la compasión.

–Discurso, 1995

Desde una perspectiva puramente práctica, algunas veces parece que un problema puede ser resuelto rápidamente con el uso de la violencia. Pero si se logra el éxito a través de la violencia y a expensas de los derechos y del bienestar de los demás, no sólo no se habrá arreglado el problema, sino que se habrán sembrado las semillas de otro problema.

–Discurso, 1991

Los esfuerzos populares no violentos y persistentes han provocado cambios drásticos y han propiciado una aproximación a una democracia más real, en muchos lugares, desde Manila hasta Berlín. Con la era de la guerra fría acercándose a su final, al menos en apariencia, las personas de todo el mundo han renovado sus esperanzas.

–Discurso de aceptación del premio Nobel, 1989

La esencia humana del sentido común no tiene cabida en la ira. La ira, los celos, la impaciencia y el odio son los verdaderos causantes de los conflictos; con ellos, los problemas no pueden resolverse. Aunque se pueda lograr un éxito temporal, en última instancia, la ira o el odio crearán más dificultades. Los actos de la ira son rápidos. Cuando se afrontan los problemas con compasión, de forma sincera y con una buena motivación, se tarda más en alcanzarla, pero al final la solución es mejor, porque no hay posibilidades remotas de crear un nuevo problema por culpa de soluciones temporales.

–«La compasión en la política global»

Soy un firme defensor de la no violencia, tanto en los ámbitos de la moral como de la práctica. El uso de la violencia en contra de una gran potencia puede ser un suicidio. Para países como el nuestro, la única esperanza de supervivencia es proseguir con la lucha inspirada en la justicia, la verdad y la determinación inquebrantable.

–Discurso, 1991

¿Cómo se pueden medir la ira y el odio? El odio, los malos sentimientos hacia los demás y, en mi opinión, también el sentido de revancha son negativos, casi diría que absolutamente negativos. Para mí, hay dos tipos de ira: el odio con malos sentimientos hacia otro sería uno; el otro sería la ira con compasión –que estaría en la base de un sentimiento de preocupación–, que puede incluso ser positiva.

–«La compasión, base de la felicidad humana»

[...] algunos amigos me explican que la naturaleza humana esencial tiene algo de violenta. Entonces les digo que yo no lo creo. Comparémosla con la de los animales, por ejemplo. Los animales cuya supervivencia depende en buena medida de otras vidas, como los leones y los tigres, presentan una especial constitución que comprende dientes afilados y largas garras. En cambio, los animales pacíficos, como los ciervos, que siguen una dieta completamente herbívora, tienen dientes y uñas diferentes, menos agresivas. Desde ese punto de vista, los seres humanos pertenecemos a la categoría de menos agresivos, ¿no? Nuestros dientes y uñas son muy poco temibles. Así que digo a mis amigos que discrepo de su afirmación. Los seres humanos tienen básicamente una naturaleza no violenta.

–Discurso, 1996

Pienso que es muy importante conocer los dos niveles de espiritualidad. Una espiritualidad es la fe religiosa. La otra, carente de fe religiosa, consiste simplemente en intentar ser una persona bien-intencionada, en intentar ser una persona bondadosa. Lo mismo sucede con la idea de la no violencia. Una vez se ha cultivado la actitud mental compasiva desarrollada aquí, entonces la no violencia brota por sí sola. La no violencia no está hecha de palabras diplomáticas. La no violencia son los actos de la compasión. Cuando la compasión está presente, surge la no violencia. Cuando está presente el odio, muy a menudo surge la violencia.

—«La compasión, base de la felicidad humana»

Mientras lidere nuestra lucha de liberación, no habrá desviación alguna del sendero de la no violencia.

—Discurso, 1995

La verdadera no violencia [...] significa compartir los puntos de vista y los valores de los demás, y gracias a ello resolver los problemas. Por eso a veces comento que este siglo, el siglo XX, podemos definirlo como el «siglo del derramamiento de sangre» o el «siglo de la guerra». Por lo tanto, con las lecciones que ha aprendido la humanidad este siglo, creo que la próxima centuria será la del «diálogo». Los principios de la no violencia deben ser difundidos por todas partes. Y eso no será posible con las plegarias, con el simple hecho de sentarse y rezar. Eso es imposible. ¡Trabajo! ¡Esfuerzo! ¡Esfuerzo! ¡Esfuerzo!

–«La compasión, base de la felicidad humana»

La historia ha demostrado que la voluntad humana es más poderosa que el fusil.

–Discurso, 1985

Es muy importante saber que la ira es negativa. Habitualmente la gente considera que la ira forma parte de la mente, que es mejor expulsarla, dejar que aparezca. Creo que ahí está el error. Algunos agravios, debidos a experiencias anteriores, sólo suceden una vez o raramente ocurren. Entonces el resentimiento causado por el agravio puede expresarse, porque ya ha finalizado: eso es bastante posible. La ira constante, creo, merece ser examinada.

–«La compasión, base de la felicidad humana»

Por nuestra parte, los tibetanos continuaremos nuestra lucha no violenta por la libertad. Mi pueblo pide una intensificación de la lucha, y creo que la llevará a cabo. Pero debemos resistirnos al uso de la violencia como forma de expresión de la desesperación que muchos tibetanos sienten.

–Discurso, 1995

Puede parecer que la ira ofrece una solución vigorosa para hacer cosas, pero esa percepción de la realidad es errónea. La única certeza sobre la ira y el odio es que son destructivos; nunca engendran el bien. Los estudiantes chinos me han dado una gran esperanza para el futuro de China y el Tíbet. Creo que su movimiento sigue la tradición de *ahimsa* o no violencia del Mahatma Gandhi, que me ha inspirado profundamente desde pequeño.

–Discurso, 1989

La base necesaria para la paz mundial y el objetivo último de cualquier nuevo orden internacional será la eliminación de la violencia en todos sus grados. Por esa razón nos conviene la práctica de la no violencia, para la cual se precisa solamente determinación, pues la misma naturaleza de la acción no violenta requiere paciencia. Aunque la práctica de la no violencia todavía se encuentra en un estado experimental en este planeta, si acaba teniendo éxito abrirá la puerta a un mundo más pacífico en el próximo siglo.

–*Desarme, paz y compasión*

Realmente he esperado y he rezado para que las jóvenes generaciones de este mundo asuman como propias las causas de la verdad y de la no violencia. Creo que la verdad, la honestidad y la paz despiertan un entusiasmo natural entre los jóvenes. Es la naturaleza humana básica de la gente joven, que cuenta con una mente lo bastante fresca para sentir esta inclinación.

—Discurso, 1996

La no violencia significa diálogo, el uso del lenguaje humano. El diálogo significa compromiso, o sea, escuchar las opiniones de los demás y respetar sus derechos. En el espíritu de la reconciliación subyace una solución al conflicto o el desacuerdo. No existen ni un vencedor ni un perdedor al cien por cien: no, sólo mitad y mitad. Así que ésta es la fórmula práctica, la única fórmula. Creo que en la actualidad el mundo se está empequeñeciendo cada vez más. Los conceptos del *nosotros* y *ellos* se están diluyendo, están quedando desfasados.

—«La compasión, base de la felicidad humana»

La no violencia significa estar al servicio de nuestros seres allegados. La naturaleza humana encierra el anhelo de libertad, igualdad y dignidad. Si aceptamos que los demás tienen derecho a una paz y una felicidad idénticas a la propia, ¿no tendremos una responsabilidad de ayuda para con los necesitados?

–Discurso, 1995

Creo que será importante que, en primer lugar, con el fin de lograr unos resultados más efectivos y de tener éxito en la protección, la conservación y la preservación del medio ambiente, los seres humanos logren un equilibrio mental consigo mismos.

–Discurso, 1996

El enemigo es quien verdaderamente puede enseñarnos la práctica de las virtudes de la compasión y la tolerancia.

–Discurso, 1983

La ira y el orgullo propios y otras sensaciones similares actúan como obstáculo en el desarrollo de la actitud altruista. La hieren. La lesionan. Por lo tanto, una vez generados, habrá que detenerlos mediante antídotos.

–Discurso, 1994

En la vida humana, la tolerancia es muy importante. Si se tiene tolerancia, se superarán fácilmente las dificultades. Si la tolerancia es escasa o nula, entonces lo más nimio causará irritación. Ante una dificultad se puede reaccionar desmesuradamente. A través de mi propia experiencia he desarrollado muchas sensaciones, y una de ellas es que la tolerancia es algo que debe ser practicado a lo largo y ancho de este mundo.

—Discurso, 1981

La concesión del premio Nobel a mi persona, un simple monje del lejano Tíbet, aquí en Noruega, nos llena de esperanza a todos los tibetanos. Significa que, a pesar de que no hemos atraído la atención hacia nuestra causa mediante la violencia, no hemos sido olvidados. También significa que se reconocen y animan los valores que promulgamos, en especial el del respeto a todas las formas de vida y la creencia en el poder de la verdad. También supone un tributo a mi mentor, el Mahatma Gandhi, cuyo ejemplo sirve de inspiración a tantos de nosotros.

—Discurso de aceptación del premio Nobel, 1989

El movimiento tibetano debe mantener su firme compromiso con la no violencia y los medios pacíficos en cualquier circunstancia. Buscamos una relación sostenible con China basada en el respeto y el provecho mutuos.

Buscamos una relación buena y duradera con China. No queremos sentir hostilidad contra China. Si elegimos permanecer en su país, deberemos convivir como auténticos hermanos. Si elegimos separarnos, deberemos ser buenos vecinos. La prioridad del Tíbet siempre será una buena y duradera relación con China.

–Discurso, 1995

Discrepo de la gente que sostiene que los seres humanos tienen una agresividad innata, a pesar del aparente predominio de la ira y el odio en el mundo.

–«La verdadera expresión de la no violencia es la compasión»

Se ha dicho que el mejor profesor es quien actúa como tu enemigo. Ahora, en función de los maestros, puedes aprender la importancia de ser paciente, pero puede ser que no tengas ninguna oportunidad de serlo. Sin embargo, la práctica de la paciencia empieza cuando te encuentras con un enemigo.

–Discurso, 1981

Responsabilidad universal

La responsabilidad universal es la clave de la supervivencia humana. Es el mejor cimiento de la paz mundial.

—«Derechos humanos y responsabilidad universal»

El hombre y la sociedad son interdependientes; de ahí que la calidad del comportamiento humano sea inseparable de su condición de individuo de la sociedad. En el pasado se han intentado hacer correcciones para rebajar las actitudes enfermizas y disfuncionales de orden social, con el objetivo de construir un mundo más justo e igualitario. Se han establecido instituciones y organizaciones con estatutos de ideología noble para combatir los problemas sociales. Todos los intentos y objetivos han sido loables, pero, por desgracia, esas buenas ideas han sido básicamente derrotadas por el interés propio inherente al hombre.

—«El lugar de la ética y la moral en la política»

Creo sinceramente que los individuos pueden marcar la diferencia en la sociedad. Puesto que periodos de grandes cambios como el presente se dan escasamente en la historia, depende de cada uno de nosotros hacer el mejor uso de nuestro tiempo para contribuir a la creación de un mundo más feliz.

–Discurso, 1992

No obstante, nadie puede asumir que alguien resolverá los problemas por él. Cada individuo tiene la responsabilidad de ayudar a guiar a la humanidad en la buena dirección. Los buenos deseos no bastan; debemos asumir nuestra responsabilidad.

–«Desarme, paz y compasión»

Al margen de los diversos niveles de desarrollo y de disparidades económicas, los continentes, las naciones, las comunidades, las familias, de hecho los individuos, dependen los unos de los otros para su existencia y bienestar. Cada ser humano aspira a la felicidad y detesta el sufrimiento. Si asumimos esto, desarrollaremos un sentido de justicia, compasión y amor fundamentales. Y en esa atmósfera existirá la esperanza de que los problemas entre naciones y entre familias puedan ser superados de forma gradual y de que las personas puedan vivir en paz y armonía. Por el contrario, si la gente adopta una actitud de egoísmo, dominación y celos, el mundo entero, igual que los individuos, nunca disfrutará de la paz y de la armonía. Por lo tanto, creo que las relaciones humanas asentadas en la compasión y el amor mutuo son de fundamental importancia para la felicidad humana.

–Discurso, 1984

En esencia, cada ser humano carga con la responsabilidad del bienestar de la humanidad y del planeta, porque este planeta es nuestra única casa. No tenemos un refugio alternativo. Por lo tanto, cada uno tiene la responsabilidad de cuidar no sólo de sus seres queridos, sino también de los insectos, las plantas, los animales y el planeta. La iniciativa debe proceder de los individuos, pero, para asegurar el impacto, el único camino será la movilización unificada de los esfuerzos individuales mediante diversas organizaciones.

—«Responsabilidad universal y ecología mental»

En la sociedad actual, particularmente entre la gente joven, los medios de comunicación tienen una gran responsabilidad. Siempre he creído que en este planeta todos somos una familia humana, y que ahora, debido a nuevos factores, los conceptos de *ellos* y *nosotros* deben desaparecer. Tenemos que pensar en el conjunto de la raza humana como «nosotros». Ya no hay razón para hablar de «mi provecho» o de «tu provecho»; todos nuestros intereses guardan relación con el conjunto del mundo, con toda la gente, incluidos los medios de comunicación. Ahora somos una familia global, así que cuando existe un problema o una amenaza para uno de nosotros, todos sufrimos. No hay escapatoria. Todos tenemos la responsabilidad de proteger al mundo.

–Discurso, 1995

Ahora que el mundo es un lugar cada vez más pequeño, casi todo depende de cada uno de nosotros. El factor principal en el avance hacia una mejora será la mente humana, la conciencia humana. De ahí el sentido de compromiso para un mundo futuro mejor. Ese sentimiento de responsabilidad es nuestra esperanza real. Todas las profesiones deben desempeñar su función: los educadores, los líderes religiosos, los economistas y, por supuesto, los políticos. Todos realizan actividades diferentes, pero todas esas actividades deben estar al servicio de la humanidad, porque cuando ahora hablamos de humanidad no podemos distinguir entre «nosotros» y «ellos».

–Discurso, 1995

Para contrarrestar esas prácticas dañinas, podemos aprender a ser más conscientes de la dependencia mutua. Cada ser vivo desea la felicidad en lugar del dolor. Así que todos compartimos un sentimiento básico común. Podemos realizar acciones adecuadas para ayudar a la Tierra y a los demás, basadas en una motivación mejor. Por lo tanto, siempre aludo a la importancia de desarrollar un sentido de responsabilidad universal genuino.

—«Pensar globalmente: una tarea universal»

En el transcurso de mis numerosos viajes a países de todo el mundo, países ricos y pobres, de Oriente y Occidente, he visto gente colmada de placer y he visto sufrimiento. Los adelantos de la ciencia y la tecnología parecen haber brindado algo más que una mejora lineal o numérica; el desarrollo a menudo significa poco más que unas cuantas mansiones en más ciudades. Como consecuencia, el equilibrio ecológico —auténtica base de la vida en la Tierra— ha resultado muy afectado. En el pasado, el pueblo del Tíbet llevaba una existencia feliz, sin problemas de contaminación, en condiciones de vida naturales.

–«El árbol protector»

No podemos seguir invocando las barreras nacionales, raciales o ideológicas que nos separan, sin generar repercusiones destructivas en el contexto de la nueva interdependencia, teniendo en cuenta que el provecho de los demás es la mejor forma de provecho propio. La interdependencia, por supuesto, es la ley fundamental de la naturaleza. No sólo la infinidad de formas vitales; el más sutil nivel de los fenómenos materiales está también regido por la interdependencia. Todos los fenómenos, desde el planeta hasta los océanos, las nubes, los bosques y las flores, brotan en dependencia de sutiles modelos energéticos. Sin la interacción adecuada se disolverían y se pudrirían.

–«Responsabilidad universal y ecología global»

Como monje budista, intento desarrollar la compasión en mi interior, no solamente en tanto que práctica religiosa sino como ser humano.

Para favorecer esta actitud altruista en mi mente, a veces encuentro útil imaginarme a mí mismo como un ser aislado, frente a una inmensa multitud. Entonces me pregunto: «¿Qué intereses son más importantes?». A mí me parece claro que, por muy importante que me sienta, soy sólo un individuo, mientras que los demás son infinitos en número y en importancia.

—«Derechos humanos y responsabilidad universal»

Actuar de forma altruista, preocupado únicamente por el bienestar del prójimo, sin motivos egoístas u ocultos, supone afirmar el sentido de responsabilidad universal.

—«La verdadera expresión de la no violencia es la compasión»

Nuestro mundo se está empequeñeciendo y tornando más interdependiente con el rápido aumento de la población y los cre-
cientes contactos entre los pueblos y los gobernantes. Bajo este
prisma resultará importante reafirmar los derechos y responsabilidades de los individuos, los pueblos y las naciones en sus relaciones entre ellos y con el conjunto del planeta.

–«Derechos humanos y responsabilidad universal»

La economía global está siendo un factor de creciente integración,
de modo que los resultados de las elecciones de un país pueden
afectar al mercado de valores de otro. En la antigüedad, cada
aldea era más o menos autosuficiente e independiente. No había
necesidad ni expectativa de cooperación con la gente de fuera de
la aldea. Se sobrevivía haciendo cada uno las cosas por sí mismo.

Ahora ha quedado muy desfasado pensar únicamente en términos de «mi aldea», «mi nación» o «mi país». La responsabilidad universal constituye la llave maestra para superar nuestros
problemas.

–«La verdadera expresión de la no violencia es la compasión»

Pienso que la armonía humana se fundamenta en un sentido auténtico de fraternidad. En tanto que budista, poco importa que seamos creyentes o no, cultos o iletrados, orientales u occidentales o sureños, pues todos somos seres humanos con el mismo tipo de características. Todos queremos la felicidad y huimos de la pena, y tenemos todo el derecho a ser muy felices.

–Discurso, 1985

Si uno tiene que ser egoísta, entonces una actitud sabia será procurar que ese egoísmo no sea negativo. El punto clave radica en el sentido de responsabilidad universal. Ahí está la fuente real de fortaleza y de felicidad. Si nos dedicamos a explotar todo lo que está a nuestro alcance, como los árboles, el agua y los minerales, y si no hacemos planes para las futuras generaciones, ¿adónde vamos? Sin embargo, si nuestra motivación central es un sentido de responsabilidad universal genuino, entonces nuestras relaciones con el medio ambiente y con nuestros vecinos serán equilibradas.

–«Humanidad y ecología»

A menudo bromeo diciendo que la Luna y las estrellas son de belleza radiante, pero que sería un desastre intentar habitar en ellas. Este planeta azul es nuestro placentero hábitat. Su vida es la nuestra, su futuro es el nuestro. De hecho, la Tierra actúa a modo de madre para con nosotros. Como los niños, dependemos de ella. Las organizaciones y las naciones por sí solas son incapaces de afrontar problemas globales como el efecto invernadero y la destrucción de la capa de ozono. Ninguna solución será posible si no aunamos esfuerzos. La Madre Tierra nos está dando una lección de responsabilidad universal.

–«Responsabilidad universal y ecología global»

Como he mencionado antes, algunas formas de la actividad humana, como la religión, la política, la tecnología, la ciencia y la ley, sirven supuestamente para la mejora y la felicidad de la humanidad. Por culpa de experiencias pasadas, mucha gente cree que la política no es trigo limpio. Falsa idea. En un país con una democracia efectiva, nos guste o no, los partidos políticos deben existir. No es muy sabia la postura de, en cualquier circunstancia, mantenerse al margen de la política y limitarse a criticar y a quejarse.

–«Responsabilidad universal y ecología mental»

Creo que la esencia de la vida espiritual se encuentra en las emociones, en la actitud de uno hacia los demás. Una vez se logra una motivación sincera y pura, el resto viene solo. Esta actitud correcta se puede desarrollar basándose en la bondad, el amor, el respeto y la clara asunción de la unicidad de los seres humanos. La importancia de este enfoque es que los demás se irán beneficiando de nuestra motivación en la medida que vayamos actuando. Entonces, con el alma pura, se pueden sacar adelante todo tipo de tareas –agrícolas, mecánicas, médicas, jurídicas, escolares–, y toda profesión será un instrumento real de ayuda a la comunidad humana.

–Discurso, 1983

Lo que hace falta en el presente es una aproximación holística a los problemas, con un sentido de responsabilidad universal genuino inspirado en el amor y la compasión.

–«Cuidando a la Tierra»

Toda persona tiene el derecho a ser feliz y a superar el sufrimiento. A fin de cuentas, el propósito mismo de nuestra vida es la felicidad, creo. Ése es nuestro derecho de nacimiento. A causa de la situación cambiante del presente, la asunción de la unicidad del ser humano resulta muy relevante. Antiguamente, si se tenía esta perspectiva era positivo, pero, si no, no pasaba nada.

Ahora, en realidad, nos guste o no, cada conflicto guarda una relación esencial con el conflicto global. Así, hablar de mi nación, mi continente, mi familia, mi religión o mi tradición está desfasado. Por lo tanto, existe una necesidad urgente de tener un sentido de responsabilidad universal y de cambio de nuestro medio ambiente.

—«Responsabilidad universal y ecología mental»

No es necesario que seamos creyentes ni defensores de una ideología. Lo único que necesitamos es poseer buenas cualidades humanas. La necesidad de un sentido de responsabilidad universal incide en cada aspecto de la vida moderna.

—«Responsabilidad universal y ecología global»

La cuestión básica es una verdadera, una real fraternidad, la bondad hacia los demás. Creo que si tienes un auténtico sentimiento de fraternidad, entonces, seas científico, economista, político o de cualquier otra profesión, siempre conservarás esta preocupación por los demás. También creo que si mantienes esta preocupación por los demás, sean cuales sean los efectos derivados de tu profesión, siempre te preguntarás si éstos son benignos o dañinos para los demás.

–Discurso, 1973

Creo que, a raíz de las lecciones que hemos aprendido, el próximo siglo estará presidido por la amistad, la armonía y será menos destructivo. La compasión y las semillas de la paz estarán en disposición de florecer. Me siento muy esperanzado. Al mismo tiempo creo que cada individuo tiene la responsabilidad de guiar a la familia global hacia la dirección correcta. La buena voluntad, por sí sola, no basta; debemos asumir nuestra responsabilidad. Los movimientos humanos masivos parten de las iniciativas humanas individuales.

–«Responsabilidad universal y ecología global»

La responsabilidad universal implica sentir el sufrimiento de los demás de la misma forma que sentimos el nuestro. Es la plena asunción del hecho de que incluso nuestros enemigos persiguen alcanzar la felicidad.

Debemos reconocer que todos los seres desean lo mismo que nosotros. Así se consigue la verdadera comprensión, sin las trabas de cualquier otra consideración artificial.

–«La verdadera expresión de la no violencia es la compasión»

Cada uno debe aprender a trabajar no sólo en su provecho, en el de su familia y el de su nación, sino en provecho de la humanidad. La responsabilidad universal es la llave maestra de la supervivencia humana. Es el mejor cimiento de la paz mundial, del uso equitativo de los recursos humanos y, junto con la preocupación por las generaciones futuras, del cuidado adecuado del medio ambiente.

–«Responsabilidad universal y ecología global»

En este siglo hemos asistido a suficientes guerras, pobreza, contaminación y sufrimiento. Según las enseñanzas budistas, estas realidades son fruto de la ignorancia y el egoísmo, porque a menudo fracasamos en nuestro intento de ver las relaciones comunes esenciales de todos los seres. La Tierra nos está enviando claros indicios y advertencias de los inmensos y negativos efectos potenciales del comportamiento humano desorientado.

–«Pensar globalmente: una tarea universal»

Unámonos y pensemos en términos de un solo mundo.

–«Responsabilidad universal y ecología mental»

A escala global, los árboles y los bosques guardan una estrecha relación con los modelos meteorológicos y con el crucial mantenimiento del equilibrio de la naturaleza. Por eso, la tarea de protección del medio ambiente es una responsabilidad universal que nos concierne a todos. Pienso que es muy importante que los tibetanos que viven en los campos de refugiados no sólo estén vivamente interesados por la causa de la protección ambiental, sino que lleven a la práctica este ideal de actuación plantando nuevos árboles. En este sentido, lo que estaremos haciendo será enviar a todo el mundo un mensaje importante que demuestre nuestra preocupación global y al mismo tiempo haremos nuestra pequeña pero significativa contribución a la causa.

–«La importancia de plantar y proteger los árboles»

El desarrollo de la sociedad humana se basa completamente en la ayuda mutua de las personas. Cada individuo tiene la responsabilidad de ayudar a la comunidad a caminar en la dirección correcta y cada uno de nosotros debe asumir esta responsabilidad.

–«La verdadera expresión de la
no violencia es la compasión»

Derechos humanos

Una sociedad humana sin leyes, cuyo objetivo sea impartir justicia, se verá sumida en el sufrimiento. Los fuertes impondrán su voluntad a los débiles; los pudientes, a los pobres; los gobernantes, a los gobernados. Así que la justicia es algo muy importante dentro de la sociedad. Si la perdemos de vista, el resultado será que hasta nosotros mismos padeceremos un gran sufrimiento.

–«Sociedad y justicia»

Recientemente, Estados Unidos ha liderado la comunidad internacional para liberar un pequeño país de una cruel ocupación. Soy feliz por la gente de Kuwait. Pero, por desgracia, no todas las pequeñas naciones pueden esperar un apoyo similar a sus derechos y libertades. Sin embargo, creo que un «nuevo orden mundial» no puede surgir realmente, a no ser que vaya de la mano de una «nueva libertad mundial». El orden sin libertad es represión. La libertad sin orden es anarquía. Necesitamos tanto un nuevo orden mundial que prohíba la agresión, como una nueva libertad mundial que apoye la libertad de los individuos y las naciones.

–Discurso, 1991

No importa de qué país o continente procedamos; todos somos, en esencia, los mismos seres humanos. Tenemos necesidades y preocupaciones comunes. Buscamos la felicidad e intentamos evitar el sufrimiento sin distinción de raza, religión, sexo o filiación política. Los seres humanos, de hecho todos los seres vivos, tienen el derecho a buscar su felicidad y a vivir en paz y en libertad. Como seres humanos libres podemos hacer uso de nuestra inteligencia única para intentar comprendernos a nosotros mismos y al mundo. Pero si nos impiden usar y comprender el potencial creativo, estaremos siendo privados de una de las características distintivas básicas del ser humano. A menudo son los miembros más dotados, entregados y creativos de nuestra sociedad los que son víctimas del abuso de los derechos humanos. Las violaciones de los derechos humanos logran así obstruir el desarrollo político, social, cultural y económico de la sociedad. Por lo tanto, la protección de esos derechos y libertades reviste una inmensa importancia, tanto para las personas afectadas como para el desarrollo de la sociedad en su conjunto.

–«Derechos humanos y responsabilidad universal»

Con franqueza, cuando empecé a hablar del valor de los seres humanos, de los valores humanos universales y de la sociedad compasiva, no esperaba una respuesta así de las jóvenes generaciones, y ciertamente no con un compromiso de este calibre. Aprecio muchísimo que la gente joven haya decidido ayudarme en el trabajo por la defensa de los derechos básicos de la humanidad y por el respeto de la dignidad humana. Por supuesto, este movimiento no será fácil y habrán muchos obstáculos, no necesariamente ligados a una oposición directa, sino debidos a la indiferencia, a gente indiferente ante esos valores humanos básicos.

–Discurso, 1986

Creo en la justicia y la verdad, sin las cuales no existiría fundamento alguno para la esperanza humana.

–Declaración, 10 de marzo de 1974

Los cambios radicales de los últimos años indican con claridad que el triunfo de los derechos humanos es inevitable. Existe una creciente concienciación sobre la responsabilidad de la gente para con los demás y para con el planeta que compartimos. Y eso da ánimos, por mucho que todavía se siga infligiendo demasiado sufrimiento en nombre del nacionalismo, la raza, la religión, la ideología y la historia.

–«Derechos humanos y responsabilidad universal»

Las violaciones de los derechos humanos en el Tíbet tienen un carácter distintivo. Tales abusos tienen como objetivo a los tibetanos en tanto que pueblo que defiende y desea preservar su identidad. Así, las violaciones de los derechos humanos en el Tíbet son a menudo el resultado de una discriminación racial y cultural institucionalizada.

–Discurso, 1996

La felicidad es una prerrogativa del hombre que la busca, y cada hombre tiene igual derecho en su búsqueda de felicidad; nadie persigue la miseria. La justicia y la igualdad también pertenecen a las prerrogativas humanas y, además, su práctica debe derivar del altruismo y no haber sido intoxicada por el poder ni la riqueza. Para construir este tipo de motivación altruista, de modo que la justicia y la igualdad puedan coexistir con la verdad, será un requisito previo la creación de un tejido moral firme del entorno social. Algunas voces inquietas se han levantado ante el vacío intrínseco de los cimientos morales del presente, pues esta carencia es el principal impedimento para un mundo justo e igualitario.

–«El lugar de la moralidad y la ética en política»

Somos testigos de un tremendo movimiento popular en pro de los derechos humanos y las libertades democráticas en el mundo. Este movimiento debe convertirse en una fuerza moral aún más poderosa, para que incluso los gobiernos y los ejércitos más obstructivos sean incapaces de suprimirla.

—«Derechos humanos y responsabilidad universal»

En el seno de cada nación debe reconocerse el derecho inalienable a la felicidad de las personas, y entre las diferentes naciones debe haber una preocupación igual por el bienestar de la más pequeña nación. No estoy sugiriendo que un sistema sea mejor que otro y que todos debamos adoptarlo. Por el contrario, una variedad de sistemas políticos y de ideologías es deseable para enriquecer a la comunidad humana, en tanto en cuanto todos los pueblos sean libres para hacer evolucionar sus sistemas político y socioeconómico, inspirados en la autodeterminación. Si a la gente de los países pobres se le niega la felicidad que desean y merecen, naturalmente estará insatisfecha y creará problemas a los ricos. Si una nación continúa imponiendo a otra formas sociales, políticas y culturales indeseadas, la consecución de la paz mundial será de dudoso alcance.

–Discurso, 1985

Algunas personas creen que infligir dolor a los demás puede conducirles a su propia felicidad o que su propia felicidad tiene tanta importancia que el dolor de los otros no es significativo. No estoy de acuerdo, nadie saca provecho realmente del daño al prójimo. Cualquiera que sea la ventaja inmediata lograda a expensas de los demás, será efímera. Y a largo plazo provocará miseria e impedirá la paz y la felicidad, creando ansiedad, miedo y recelo de uno mismo.

–«Derechos humanos y responsabilidad universal»

Pienso que los derechos humanos, en general, y en particular los derechos de las mujeres, son muy importantes. Todavía detecto que, en ciertos ámbitos, mantenemos rastros de inhumanidad, de un ancestral pensamiento incivilizado.

–Discurso, 1995

A lo largo de la historia humana, dictadores y gobiernos totalitarios han aprendido que no existe nada más poderoso que el anhelo popular por la libertad y la dignidad. Las personas pueden ser esclavizadas o encarceladas, pero el espíritu nunca podrá ser subyugado o derrotado. En la medida que mantengamos firme este espíritu y esta determinación, las aspiraciones y las creencias prevalecerán en última instancia.

–Declaración, 10 de marzo de 1983

Obviamente, cada ser humano, en su naturaleza, tiene un sentido del «yo». Correcto. No podemos explicar por qué existe ese sentido, pero no hay duda de que está presente. Existe un deseo de felicidad, de felicidad máxima, y también tenemos el derecho de sobrellevar el sufrimiento con esa motivación.

–«La compasión, base de la felicidad humana»

La fuerza bruta, al margen de la virulencia con que sea aplicada, nunca podrá subyugar el deseo humano básico de libertad y dignidad.

–«Derechos humanos y responsabilidad universal»

Las mujeres deben aprovechar cada oportunidad y conseguir por ellas mismas la igualdad en cada ámbito, mediante la educación o el aprendizaje profesional o de cualquier otro modo. Creo que es importante.

–Discurso, 1995

El robo de una propiedad individual está condenado en todo el mundo por cualquier código social, moral, religioso o legal; así sucede con la supresión de los derechos individuales y de la libertad natural. Seguramente, cuando este acto de pillaje y opresión lo comete una raza sobre otra, sólo puede ser considerado un delito de gran magnitud.

–«El verdadero rostro del Tíbet»

Una nueva esperanza surge para los oprimidos, pues hoy gentes de todas partes están mostrando su voluntad de implantar y defender los derechos y libertades de sus congéneres humanos.

–«Derechos humanos y responsabilidad universal»

La discriminación contra las personas de diferente raza, contra las mujeres y contra las capas más débiles de la sociedad puede ampararse en la justificación como tradición en algunos lugares, pero puesto que son incompatibles con los derechos humanos universalmente reconocidos, esas pautas de comportamiento deben modificarse. El principio universal de igualdad de todos los seres humanos debe ser prioritario.

–Discurso, 1988

El derecho a expresar libremente las ideas y a esforzarse por aplicarlas facilita que la gente de todo el mundo se vuelva creativa y progresista. Y eso facilita el logro de rápidos avances en la sociedad humana, que llevarán a una armonía genuina. Cuando las diferencias de opinión son expresadas con franqueza y pueden ser debatidas, en lugar de ser guardadas en nuestro seno, ya no existe necesidad de aprovechar la mínima oportunidad para derribarse los unos a los otros con un odio de profundo arraigo.

–Declaración, 10 de marzo de 1983

Debemos pensar en términos globales, porque los efectos del comportamiento de una nación trascienden sus fronteras. La aceptación de unos derechos humanos básicos, universales, vinculantes y asentados en la Declaración Universal y en los pactos internacionales sobre derechos humanos resulta esencial en este mundo cada vez más pequeño. El respeto de los derechos humanos fundamentales no debe limitarse a un ideal por el que luchar, sino que debe constituir la piedra angular de toda sociedad humana. Cuando abogamos por estas libertades y derechos que tanto apreciamos, también debemos ser conscientes de nuestras responsabilidades. Si aceptamos que los demás tienen igual derecho a la paz y a la felicidad que nos corresponde a nosotros, ¿no nos hacemos con ello responsables de ayudar a los necesitados? El respeto a los derechos humanos fundamentales es tan importante para las gentes de Estados Unidos y de Asia como para las de Europa o las de América del Sur.

—«Derechos humanos y responsabilidad universal»

De alguna manera, la gente se ha acostumbrado a que la falta de respeto a los derechos humanos prevalezca en la sociedad actual. Pero podemos darnos cuenta de que hay algo de incorrecto en esa forma de actuar: hay una carencia evidente. Así que intentaremos alcanzar las mentes de quienes son incapaces de imaginar algo mejor. Alguna persona puede pensar, al oírme: «Vaya actitud más adolescente, más poco realista». Por lo tanto, creo que será importante que persistamos en nuestros esfuerzos, a pesar de los numerosos obstáculos con los que toparemos.

–Discurso, 1996

Juzgo que será crucial una revolución dinámica para instigar una cultura política basada en la ética moral; este tipo de revolución deberá estar patrocinada por las naciones poderosas, pues cualquier intento de las más pequeñas o débiles está condenado al fracaso. Si las potencias adoptan políticas inspiradas en sólidos principios morales y si se preocupan de verdad por el bienestar de la humanidad, nuevos rayos de esperanza iluminarán los caminos venideros. Una revolución de este tipo sobrepasaría cualquier otro intento de dotar de justicia e igualdad al mundo.

—«El papel de la moralidad en la ética y la política»

Nuestro derecho no consiste sólo, en tanto que miembros de la familia humana global, en protestar cuando nuestros hermanos son castigados brutalmente; también es nuestra obligación hacer lo que esté en nuestras manos para ayudarlos.

—«Derechos humanos y responsabilidad universal»

China necesita los derechos humanos, la democracia y el gobierno de las leyes. Estos valores son los cimientos de una sociedad dinámica y libre. También son el origen de la estabilidad y la paz auténticas.

—Discurso, 1996

Todos los seres humanos, independientemente de su contexto cultural e histórico, sufren cuando son intimidados, encarcelados o torturados. La cuestión de los derechos humanos es tan fundamental que no admite discrepancias. Por lo tanto debemos insistir en un consenso global que no sólo reconozca los derechos humanos en todo el mundo, sino que, lo que es más importante, acuerde la definición de esos derechos.

—«Derechos humanos y responsabilidad universal»

Es indudable el interés del pueblo chino en que el presente totalitarismo de partido único deje paso a un sistema democrático en el que las libertades y derechos humanos fundamentales sean protegidos y fomentados. El pueblo de China manifestó claramente sus deseos de tener derechos humanos, democracia y legitimidad legislativa en los sucesivos movimientos que empezaron en 1979 con el Muro de la Democracia y que culminaron en el gran movimiento popular de la primavera de 1989.

–Discurso, 1996

Mi creencia es que las sociedades humanas no se conforman con la satisfacción de las necesidades básicas, como la comida, el cobijo y el vestido. Si observamos a los animales, veremos claramente que éstos sí experimentan una sensación de satisfacción cuando están bien alimentados, bien abrigados y bien tratados. Pero, para los seres humanos, la libertad de defender y expresar las impresiones personales es, sin duda, un ingrediente esencial de la felicidad genuina. Para pueblos con una dilatada historia, riqueza cultural y profunda tradición espiritual como el nuestro, la libertad es un derecho inalienable que nunca puede ser reemplazado ni mitigado por mejoras temporales en las condiciones económicas.

–«El verdadero rostro del Tíbet»

La privación de la libertad de expresión, por la fuerza o por otros medios, constituye una forma brutal de represión absolutamente anacrónica [...]. Los pueblos del mundo no sólo se opondrán a ella, sino que la condenarán. Por eso, los seis millones de tibetanos tienen derecho a preservar y reforzar su destino cultural y a ocuparse de sus propios asuntos, así como a gozar de libertad de expresión sin ningún tipo de interferencia. Es justo y razonable.

–Discurso, 1983

Cuando era pequeño y vivía en el Tíbet, el presidente Roosevelt me envió un regalo: un reloj de oro con las fases lunares y los días de la semana. Me maravillé de esa lejana tierra capaz de fabricar objetos tan prácticos y bonitos. Pero lo que realmente me sirvió de inspiración fueron sus ideales de libertad y democracia. Sentí que sus principios eran idénticos a los míos, a la creencia budista en los derechos humanos fundamentales: libertad, igualdad, tolerancia y compasión.

–Discurso, 1991

La rica diversidad de culturas y tradiciones debe ayudar a la consolidación de los derechos humanos fundamentales en todas las comunidades. La tradición nunca puede justificar las violaciones de los derechos humanos.

–Discurso, 1988

Al contrario de lo que han considerado los sistemas comunistas, no es suficiente con dar a la gente comida, cobijo y vestidos. La naturaleza humana profunda necesita respirar los aires de la libertad. Sin embargo, algunos gobiernos todavía consideran los derechos humanos fundamentales de sus ciudadanos un asunto interno de estado.

–«Derechos humanos y responsabilidad universal»

Una sociedad que defienda sus valores (tales como los derechos civiles, la ley y la democracia) ofrecerá un potencial y una seguridad muy superiores para el comercio y las inversiones. Una China democrática sería, así, tanto de interés para la comunidad internacional en general como de Asia en particular. Por lo tanto, se deben realizar los esfuerzos necesarios para integrar a China en la economía mundial, pero también para animarla a sumarse a la corriente de democracia global. No obstante, nadie más que los chinos pueden llevar la libertad y la democracia a su país. Y ésta es la razón por la cual los valientes y abnegados miembros del movimiento democrático chino merecen nuestro apoyo y aliento.

–Discurso, 1995

Los principios universales de igualdad de todos los seres humanos tienen prioridad. Son básicamente los gobiernos autoritarios y los regímenes totalitarios los que se oponen a la universalidad de los derechos humanos. Sería absolutamente erróneo aceptar este punto de vista. Por el contrario, estos regímenes deben acabar respetando y actuando según los principios universales aceptados, en beneficio de los intereses más amplios y de futuro de su gente.

—«Derechos humanos y responsabilidad universal»

En mi último viaje a Estados Unidos fui llevado al Independence Hall de Filadelfia. Resultó muy inspirador visitar la sala en la que nacieron vuestra Declaración de Independencia y vuestra Constitución. Luego me guiaron hasta la planta baja, enfrente de la Campana de la Independencia. El guía me contó que, doscientos años atrás, la campana había repicado tan fuerte para proclamar la libertad en vuestra tierra que sufrió algún daño. Al examinarla, no pude evitar fijarme en que tenía una grieta. Esta fractura, creo, sirve de recordatorio para el pueblo norteamericano, que disfruta de mucha libertad mientras gentes de otras partes del mundo, como la del Tíbet, no disponen de ella. La Campana de la Libertad es un recordatorio de que uno no podrá ser completamente libre hasta que todos los pueblos del mundo lo sean. Creo que este recordatorio permanece vivo, y que vuestra gran fortaleza sigue apoyándose en vuestros profundos principios.

–Discurso, 1991

La libertad de pensamiento resulta de extrema importancia para conseguir la felicidad genuina de las sociedades humanas. Esa libertad de pensamiento solamente puede derivar de la confianza y la comprensión mutuas y de la ausencia de miedo […]. En el caso del Tíbet y de China, a no ser que eliminemos el actual estado de miedo y desconfianza, a no ser que desarrollemos un sentido genuino de amistad y buena voluntad, los problemas a los que nos enfrentamos hoy en día continuarán existiendo.

–Discurso, 1994

En el Tíbet deben respetarse los derechos y libertades democráticos fundamentales. El pueblo tibetano debe ser, otra vez, libre para desarrollarse cultural, intelectual, económica y espiritualmente, así como para ejercer las libertades democráticas básicas. Las violaciones de los derechos humanos en el Tíbet se cuentan entre las más flagrantes del mundo. En el Tíbet se discrimina llevando a cabo una política de *apartheid* que los chinos denominan «segregación y asimilación». En el mejor de los casos, los tibetanos son ciudadanos de segunda clase en su propio país. Privados de todas las libertades y derechos democráticos, viven bajo una Administración colonial, en la que los oficiales chinos del Partido Comunista y del Ejército ostentan el poder real.

–Plan de paz de los Cinco Puntos

Medio ambiente

Nuestros antepasados creían en la riqueza y abundancia reales de la tierra. En el pasado, algunas personas también veían la naturaleza como algo inagotable y sostenible; hoy sabemos que eso es así sólo si cuidamos de ella. No resulta difícil perdonar la destrucción del pasado derivada de la ignorancia. Pero hoy, sin duda, tenemos mucho mayor acceso a la información; es esencial que examinemos de nuevo y de forma ética lo que hemos heredado y hasta qué punto somos responsables de ello y qué legaremos a las próximas generaciones. Algunos de los hábitats de la tierra, animales, plantas e incluso microorganismos que hoy sabemos que son escasos, no los conocerán las generaciones futuras. Tenemos la capacidad y la responsabilidad de actuar, y debemos hacerlo antes de que sea tarde.

–«Humanidad y ecología»

La destrucción de la naturaleza y de los recursos naturales surge de la ignorancia, la codicia y la falta de respeto por las criaturas de la tierra […]. Esa falta de respeto se extiende incluso a los descendientes humanos, las generaciones futuras que heredarán un planeta muy degradado si la paz mundial no se hace realidad y la destrucción del medio ambiente prosigue al ritmo actual.

—«Aproximación ética a la protección ambiental»

Cuando los bosques estén destruidos, muchos seres […] también se convertirán en refugiados. Sin embargo, aún es más grande la amenaza de que, debido a acciones de este tipo, se estén alterando los modelos climáticos del planeta. Y cuando eso ocurra, las propias bases fundamentales de la vida en el planeta resultarán afectadas.

—«Declaración sobre la tala de madera»

Creo que el peligro consiste en que únicamente nos preocupamos por riesgos horribles e inmediatos, como la guerra. Pero el daño al medio ambiente ocurre de forma gradual, sin que seamos muy conscientes de ello. Cuando asumamos ese peligro y sea evidente para todos, quizás será demasiado tarde. Por lo tanto creo que debemos apercibirnos con tiempo suficiente de la responsabilidad de proteger nuestro planeta. A menudo explico a la gente que la Luna y las estrellas se ven hermosas en lo alto del cielo, como si fueran un decorado. Pero si intentásemos ir y establecernos allí, quizás durante unos días sería bonito y divertido, pero pronto sentiríamos mucha nostalgia de nuestro planeta. Ésta es nuestra única casa. Pienso que la preocupación conjunta por el medio ambiente y el planeta es muy útil, muy importante y oportuna.

–Discurso, 1992

Precisamos de la tecnología para cuidarnos, cuidar de la Tierra y de la vida que contiene, y de las futuras generaciones. Eso quiere decir que la educación ambiental será importante para todo el mundo.

—«Pensar globalmente: una tarea universal»

El medio ambiente es muy importante para la presente generación y para las venideras. Si explotamos el medio ambiente de forma extrema sufriremos y sufrirán las generaciones futuras.

—«Humanidad y ecología»

Las maravillas de la ciencia y de la tecnología están asociadas —o abrumadas— a algunas de las tragedias actuales, incluidas las hambrunas y la extinción de otras formas de vida en varias partes del mundo.

—Discurso, 1973

Esos cambios amenazadores son drásticos y, en conjunto, increíbles. La población mundial se ha triplicado en este siglo y se prevé que se doblará o triplicará en el próximo. La economía global puede multiplicarse por cinco o por diez, lo que comporta enormes porcentajes de consumo de energía, producción de dióxido de carbono y deforestación. Resulta difícil imaginar el efecto real de estas previsiones, que ya se están cumpliendo en el presente, en la vida de nuestros hijos. Por eso deberíamos considerar las perspectivas de sufrimiento global y de degradación ambiental, sin parangón en la historia humana.

–«Pensar globalmente: una tarea universal»

Dada mi profunda convicción de que los seres humanos son de naturaleza gentil, creo que la actitud humana hacia el medio ambiente debe ser también gentil. Pienso que no sólo debemos mantener relaciones amistosas y no violentas con los otros seres humanos, sino que también resultará esencial propagar esta actitud vital hacia el entorno natural. Hablando en términos morales, debemos pensar de esta manera y sentirnos preocupados por nuestro medio ambiente.

–Discurso, 1996

Si nos fijamos en nuestro alrededor, veremos que las casas de los monasterios y de los campamentos de refugiados donde la gente cultiva árboles frutales disfrutan de grandes provechos como resultado de sus actos. En primer lugar, si plantas un árbol en tu patio, creas un ambiente de belleza y serenidad naturales. También resulta obvio que podrás comer sus frutos y cobijarte bajo su fresca sombra. Lo único que te habrá exigido es un poco de paciencia para que el árbol se tome su tiempo y crezca.

–«La importancia de plantar y proteger los árboles»

Cuando se altera el medio ambiente, también se alteran las condiciones climáticas. Cuando el clima se modifique radicalmente, la economía y otros ámbitos sufrirán las consecuencias. Nuestra salud física resultará muy perjudicada. Una vez más, la conservación no incumbe a la moralidad, sino a la propia supervivencia.

–«Humanidad y ecología»

La Tierra, además de patrimonio común de la humanidad, también es la fuente última de vida. La sobreexplotación de sus recursos está minando la propia base de nuestra vida. A nuestro alrededor abundan las señales de la destrucción y de la degradación de la naturaleza causadas por la actividad humana. Por lo tanto, la protección y la conservación de la Tierra es, además de una cuestión de moralidad, un asunto de supervivencia. La manera en que afrontemos este desafío incidirá en la generación presente y en las venideras.

–«Cuidando a la Tierra»

Hoy en día, la degradación ecológica se cierne sobre todo el planeta, incluido el Tíbet. Estoy plenamente convencido de que si cada uno de nosotros no realizamos un esfuerzo conjunto, con un sentido de responsabilidad universal, asistiremos a la ruina gradual de los frágiles ecosistemas que sustentan nuestra vida, y el resultado será la degradación irreversible e irrevocable del planeta Tierra.

–«El árbol protector»

En las escrituras de Je Tsonkapa se ha dicho que quien destruye un árbol comete miles de asesinatos, aunque se trata de personas que crean que su vida y sus creencias no están sujetas a las leyes del karma, de causa y efecto y de renacimiento. Os aseguro que, en tanto que líder religioso del linaje Gelukpa y de todo el Tíbet y del pueblo tibetano en el exilio, el karma y la reencarnación son realidades y que cualquiera que sea responsable de la tala de un tronco permanecerá varias vidas en las reinos infe-

riores como un fantasma o ser infernal. Eso es lo que nos enseñó Buda.

—«Declaración sobre la tala de madera»

Nadie puede adivinar lo que sucederá en las próximas décadas
o siglos, qué efectos adversos tendrá, por ejemplo, la deforestación sobre el clima, el suelo y las lluvias.

—Discurso, 1986

Ante el crecimiento de la población, un buen número de árboles están siendo cortados para ser usados como combustible y
para ganar terreno a la agricultura. En el caso del Tíbet, los chinos han destruido los árboles centenarios en una proporción
similar a la de un hombre que se hubiera rapado la cabeza. Esto
no sólo supone destruir los árboles, sino arruinar el patrimonio
de los tibetanos. De forma parecida, el continuo declive de los

bosques en muchas partes del mundo, incluido Estados Unidos, está incidiendo de forma negativa sobre el ya de por sí cambiante clima global y está perturbando la vida de la humanidad y de todos los seres vivos.

—«Un entorno verde para el presente y el futuro»

La paz y la supervivencia de la vida en el planeta tal y como la conocemos están amenazadas por actividades humanas que carecen de un compromiso con los valores humanitarios.

—«Aproximación ética a la protección ambiental»

Debemos propagar esta actitud de preocupación por el medio ambiente. Como norma básica creo que lo mejor es ayudar si se puede, y si no se puede, al menos intentar no hacer daño. Ésta es una regla apropiada sobre todo cuando todavía nos quedan por comprender muchas de las complejas interrelaciones de los ecosistemas. La Tierra es nuestra casa y nuestra madre. Debemos respetarla y cuidarla. Es fácil comprender el porqué.

—«Pensar globalmente: una tarea universal»

Un equilibrio interior del ser humano será esencial para lograr una protección y conservación del medio ambiente más efectivas.

—«Humanidad y ecología»

Muchos de los problemas surgen de empeños egoístas de la gente, de sus ansias por amasar dinero y de su falta de consideración por la comunidad como un conjunto. Tampoco piensan en la Tierra y en los efectos a largo plazo sobre el hombre. Si los miembros de la generación presente no reflexionamos sobre ello, las generaciones futuras no tendrán la posibilidad de hacerlo.

—Discurso, 1985

Por lo tanto, sólo puedo decir que la protección de la vida y el uso de cualquier medio legal posible para prevenir más talas de bosques y denunciar públicamente la avara rapacidad de las personas, las empresas, los sindicatos y los consorcios responsables, es una obligación de cada ser humano y particularmente de aquellos que creen en el *dharma* budista.

–«Declaración sobre la tala de madera»

Del mismo modo que debemos cultivar unas relaciones pacíficas con los seres humanos, así debemos adoptar la misma actitud hacia el medio natural. Por moralidad debemos preocuparnos por el medio ambiente.

–Discurso, 1973

Los ciudadanos de a pie tienen muchas dificultades para comprender plenamente las predicciones científicas del cambio ambiental. Hemos oído algo sobre el aumento de la temperatura y la subida del nivel de los mares, del incremento de la incidencia del cáncer, del inmenso crecimiento de la población, del agotamiento de los recursos, de la extinción de las especies. Por todas partes, la actividad humana está acelerando la destrucción de los elementos clave de los ecosistemas naturales de los que dependemos todos los seres vivos.

–«Pensar globalmente: una tarea universal»

La voracidad en las talas, la destrucción de los bosques tropicales y de otras áreas forestales, sólo puede ser definida como una amenaza contra la existencia en este planeta y como un crimen contra la continuidad de la existencia de la raza humana. Nosotros, en tanto que refugiados huidos de la China comunista y su Gobierno totalitario, sabemos lo que es carecer de casa.

–«Declaración sobre la tala de madera»

La negligencia con el medio ambiente, que se ha traducido en un gran daño a la comunidad humana, proviene de nuestra ignorancia sobre la importancia muy especial del entorno. Ahora debemos ayudar a la gente para que entienda la necesidad de la protección ambiental. Debemos enseñar a la gente esa necesidad. Debemos enseñarles que la conservación repercutirá directamente en nuestra supervivencia.

—«Humanidad y ecología»

En el pasado, las montañas del Tíbet tenían espesas capas de nieve. Los ancianos decían que, cuando eran jóvenes, esas montañas ya estaban cubiertas de ese volumen de nieve y que, si su grosor remitiera, podría ser un síntoma del fin del mundo. Es un hecho que el cambio climático es un proceso lento que durará miles de años hasta que sean evidentes sus efectos. Los seres y las plantas del planeta también sufrirán alteraciones en función del cambio. También, la estructura física del hombre varía de

generación en generación en función de los cambios en las condiciones climáticas.

—«Un entorno verde para el presente y el futuro»

En última instancia, la decisión de salvar el medio ambiente
debe surgir del alma humana. La clave se halla en reclamar un
sentido genuino de responsabilidad universal, que se inspire en
el amor, la compasión y la conciencia clara.

—«Humanidad y ecología»

Las culturas antiguas que se adaptaron a su entorno natural
pueden servir de modelos adecuados sobre la estructuración
de sociedades humanas con el objetivo de guardar un equilibrio con el medio ambiente. Por ejemplo, los tibetanos tienen
la característica única de estar familiarizados con la meseta
himalaica. Y eso ha dado pie a una larga historia de civiliza-

ción que se cuidó mucho de no saturar y destruir su frágil ecosistema. Desde hace tiempo, los tibetanos han apreciado la presencia de animales salvajes como símbolo de libertad. La sentida reverencia por la naturaleza es muy aparente en el arte y las ceremonias tibetanas. El desarrollo espiritual prosperó a pesar del progreso material limitado. Al igual que las especies no se pueden adaptar a los cambios repentinos del medio ambiente, las culturas humanas necesitan ser tratadas con un cuidado especial para asegurar su supervivencia. Por lo tanto, el hecho de aprender las formas útiles con que los pueblos preservan su patrimonio cultural también forma parte del proceso de aprendizaje de protección del medio ambiente.

–«Pensar globalmente: una tarea universal»

La explotación de los recursos limitados de nuestro mundo, en particular de los de las naciones en vías de desarrollo, por el simple hecho de saciar el consumismo, es desastrosa. Si seguimos sin revisar este atropello, todos acabaremos sufriendo sus consecuencias. Debemos respetar la delicada matriz de la vida y permitirle que se renueve por sí sola.

—«Responsabilidad universal y ecología global»

Puesto que la negligencia hacia el medio ambiente, que ha provocado un daño enorme a la comunidad humana, es el resultado de la ignorancia sobre la especial relevancia del entorno, creo que, antes que nada, será importante difundir este conocimiento entre los seres humanos. Así pues, es trascendental enseñar o explicar a la gente su importancia en nuestro propio provecho.

—Discurso, 1996

El Programa de las Naciones Unidas para el Medio Ambiente advierte, según se me ha dicho, de que estamos inmersos en la ola más generalizada de extinción que se haya registrado en sesenta y cinco millones de años. La situación es muy inquietante. Debemos abrir nuestras mentes ante las inmensas proporciones de la crisis que afrontamos. La ignorancia sobre la interdependencia no sólo ha erosionado el medio ambiente, sino también a la sociedad humana. En lugar de preocuparnos por los demás, hemos centrado nuestros esfuerzos en alcanzar la felicidad a través del consumo material individual. Sin darnos cuenta, nos hemos dejado absorber por esa búsqueda, nos hemos olvidado de fomentar las más elementales necesidades humanas, como el amor, la bondad y la cooperación. Eso es muy triste.

–«Responsabilidad universal y ecología global»

En la antigüedad, cuando la capacidad humana era limitada, éramos muy conscientes de la importancia de la naturaleza y por eso la respetábamos. Luego vinieron los tiempos en que, gracias al desarrollo de la ciencia y la tecnología, tuvimos más capacidad y eso ha dado pie a que la gente olvide a menudo la importancia de la naturaleza. A veces creemos, equivocadamente, que los seres humanos podemos controlar la naturaleza con la ayuda de la tecnología. Por supuesto, eso puede ser cierto en algunos ámbitos. Pero en el conjunto de la Tierra es imposible. Por lo tanto, ha llegado la hora de ser conscientes de la importancia de la naturaleza, de la importancia del planeta. Si no, puede llegar un día en que todos los seres vivos de este mundo, incluidos los humanos, se habrán extinguido.

–Discurso, 1992

La destrucción de la naturaleza y de los recursos naturales deriva de la ignorancia, la falta de respeto a los seres vivos de la Tierra y la codicia.

En primer lugar, debemos luchar por superar esos estados de la mente con el desarrollo de la conciencia de la naturaleza interdependiente de todos los fenómenos, una actitud de desear no hacer daño a las demás criaturas vivientes y de comprender la necesidad de compasión. Debido a la naturaleza interdependiente de las cosas, no podemos esperar que los problemas se resuelvan con una actitud unidireccional o egocéntrica. La historia nos demuestra a menudo que en el pasado los pueblos fracasaron en la cooperación. Nuestros fallos pretéritos son el resultado de la ignorancia de la naturaleza interdependiente.

–«Cuidando a la Tierra»

Como seres vivos del presente debemos preocuparnos de las futuras generaciones: un medio ambiente limpio es un derecho humano como cualquier otro. Por lo tanto, parte de nuestra responsabilidad con los demás consiste en garantizar que el mundo que legamos a nuestros herederos es tan saludable como el que hemos recibido, o más.

–Discurso, 1973

Mundo moderno

Hoy somos una auténtica familia global. Lo que sucede en una parte del mundo nos afecta a todos. Esto, por supuesto, no sólo en relación con las cosas negativas, sino que es igualmente válido para los cambios positivos. No sólo sabemos lo que sucede en cualquier parte, gracias a la extraordinaria tecnología moderna, sino que también estamos directamente implicados en acontecimientos que ocurren muy lejos. Sentimos una enorme tristeza cuando los niños pasan hambre en África Oriental. De forma parecida, sentimos una inmensa alegría cuando una familia ha vuelto a reunirse después de décadas de separación por el muro de Berlín. Nuestras cosechas y nuestro ganado se están contaminando, y nuestra salud y entorno vital se ven amenazados cuando un accidente nuclear sucede a muchos kilómetros en otro país. Nuestra propia seguridad sale reforzada cuando facciones en guerra de otros continentes alcanzan la paz.

–Discurso de aceptación del premio Nobel, 1989

El mundo se está empequeñeciendo, cada vez es más interdependiente política y económicamente, y las gentes de todo el mundo se están convirtiendo en algo parecido a una comunidad. No en vano se nos reclama una atención conjunta para afrontar serios problemas: superpoblación, expolio de los recursos naturales y crisis medioambiental. En estas circunstancias tenemos la obligación de fomentar una nueva visión de la sociedad, en la que la guerra no tenga lugar como forma de resolver las disputas entre estados, comunidades o religiones, y en la que la no violencia sea el valor prominente en las relaciones humanas.

–«Desarme, paz y compasión»

Necesitamos pensar en profundidad y realizar consultas para empezar a diseñar algo parecido a un plan maestro para un mundo mejor. A veces creo que esta propuesta es un poco idealista, pero pienso que nuestro gobierno debe cimentarse en los principios de la democracia y la libertad.

Creo que el objetivo último debe ser la desmilitarización del mundo. Me siento plenamente comprometido a ello, un objetivo que puede sonar a lejano, muy lejano y parecer un camino plagado de obstáculos. Pero creo que mediante la determinación y el esfuerzo hallaremos alguna fórmula para triunfar en este propósito. Normalmente me refiero a ese logro como el «nirvana» o la salvación de la humanidad.

–Discurso, 1991

El conocimiento científico y el progreso tecnológico son esenciales para mejorar la calidad de vida en el mundo moderno. Aún más importante es la simple práctica de llegar a conocernos y a apreciarnos mejor a nosotros mismos y a nuestro entorno natural, ya seamos adultos o niños. Si alcanzamos un aprecio auténtico por los demás y nos resistimos a actuar en nombre de la ignorancia, podremos cuidar la Tierra.

–«Pensar globalmente: una tarea universal»

Podemos apreciar la utilidad de los diferentes sistemas e ideologías que dan cobijo a individuos y grupos diferentes con disposiciones y preferencias distintas, si entendemos que todos los humanos somos hermanos. Para según qué personas en determinadas condiciones, una ideología o un patrimonio cultural resulta más apropiado que otro. Cada persona tiene el derecho a elegir el que más le convenga. Ésa es la opción personal, siempre sobre la base de la profunda comprensión de que los demás son nuestros hermanos.

–Discurso, 1983

Me siento optimista de cara el futuro. Los rápidos cambios de actitud respecto a la Tierra también son un motivo de esperanza. Hace menos de una década devorábamos de forma inconsciente los recursos del mundo como si fueran inagotables. Habíamos fracasado en darnos cuenta de que el consumismo inconsciente era desastroso para el bienestar ambiental y social.

Ahora los individuos y los gobiernos buscan un nuevo orden ecológico y económico.

–«Responsabilidad universal y ecología global»

La mayoría de los problemas del mundo, que en buena parte se originan en las sociedades más avanzadas, surgen por una sobreestimación de los provechos del progreso material, que ha puesto en peligro los aspectos fundamentales del patrimonio común que, en el pasado, inspiraba a los seres humanos para ser honestos, altruistas y de espíritu maduro. Parece claro que el desarrollo material por sí solo no puede sustituir los viejos valores espirituales o humanitarios que fueron responsables del progreso de la civilización mundial en su forma presente. Pienso que debemos intentar hacer lo posible para un equilibrio entre el crecimiento material y el espiritual.

–Discurso, 1988

Hoy en día, las personas espirituales previenen contra la mezcla de la política con la religión, pues temen que la violación de la ética por la política acabe contaminando la pureza de la religión. Esta línea de pensamiento es a la vez egoísta y contradictoria. Todas las religiones existen para servir y ayudar al hombre, y cualquier divorcio de la política sería un abandono de un poderoso instrumento de bienestar social.

La religión y la política son una combinación útil para el bienestar de los hombres cuando se formula en función de los conceptos éticos desprovistos del más mínimo interés egoísta.

—«El lugar de la ética y la moralidad en la política»

En la actualidad nos enfrentamos a muchos problemas globales, como la pobreza, el exceso de población o la destrucción del medio ambiente. Estos problemas son los que debemos afrontar unidos. Ninguna comunidad o nación puede esperar que sea capaz de arreglarlos por sí sola. Y eso indica hasta qué punto el mundo se ha vuelto interdependiente.

—«La verdadera expresión de la no violencia es la compasión»

Los niños de hoy son los dirigentes de la sociedad del mañana. Si el futuro de las sociedades tiene una mínima relación con el hecho de ser miembros de la comunidad mundial, entonces debemos abogar por una educación moderna, que otorgue una perspectiva cosmopolita de la vida, sin olvidarse de proporcionar también el conocimiento suficiente de las tradiciones y culturas propias, con el fin de conservar las distintas identidades.

–Declaración, 10 de marzo de 1980

Nuestro bello mundo afronta muchas crisis [...]. No es el momento de simular que va bien.

–Discurso, 1996

Los avances de la tecnología moderna nos han permitido explotar el espacio. Sin embargo, hay que reflexionar y examinar muchas cosas en relación con la naturaleza de la mente, sobre su núcleo sustancial y otros aspectos. Hay muchos consejos y preceptos sobre ello, pero el significado de todos se reduce al amor y la compasión.

—Discurso, 1984

Vamos a ver. Si sentimos miedo ante la posible destrucción por una bomba atómica, generaremos mucho sufrimiento, a no ser que tengamos paz interior. En la cúspide del sufrimiento humano hay más miedo, más amenazas constantes. Así que nos hacen falta más lecciones de bondad y de sentimientos de fraternidad.

—Discurso, 1987

Creo firmemente que la comunidad internacional tiene la obligación de dar apoyo moral y político al movimiento democrático chino. Ha sido apropiado atraer China a la corriente principal de la economía mundial, en lugar de tratar de aislarla. Pero la integración económica no es suficiente. China precisa de derechos humanos, de democracia y del gobierno de la ley. Esos valores son la base de una sociedad libre, dinámica, estable y pacífica. Una sociedad de este tipo también ofrecerá una mayor gama de libertad económica, seguridad y ventajas inherentes. Por lo tanto, los esfuerzos deben centrarse para que China se incorpore a la corriente mundial de democracia. En última instancia serán los valientes y decididos miembros del movimiento democrático chino y nadie más quienes conducirán a su país a un futuro de libertad y democracia. Por esa razón, este movimiento debe gozar de toda posible ayuda, apoyo y ánimo.

–Conmemoración del aniversario de Tiananmen, 1995

He oído muchas quejas sobre el progreso material de Occidente, y, paradójicamente, este progreso ha sido motivo de orgullo del mundo occidental. No veo nada de malo en el progreso material en sí, en el supuesto de que el hombre tenga prioridad sobre sus creaciones. Aunque el conocimiento materalista ha contribuido enormemente al bienestar humano, no ha sido capaz de crear una felicidad duradera. En Estados Unidos, donde el desarrollo tecnológico quizás sea más acusado que en los demás países, todavía existe un nivel muy alto de sufrimiento mental. Y eso sucede porque el progreso material sólo satisface la felicidad que depende de condiciones físicas; no proporciona la felicidad que brota del desarrollo interno al margen de los factores externos.

–Discurso, 1985

El mundo de hoy en día está tan sumergido en conflictos y sufrimientos, que añora la paz y la felicidad; por desgracia, ese anhelo ha sido relegado durante la búsqueda del placer efímero. Pero todavía hay gente instruida que, insatisfecha por las experiencias de cada día, piensa con más profundidad y busca la felicidad auténtica. Creo que esta búsqueda debe continuar. A medida que avancemos en lo material y seamos más capaces de satisfacer plenamente las necesidades cotidianas, las personas continuarán buscando la verdad, insatisfechas con el único logro del progreso material. De hecho, estoy convencido de que la búsqueda de la verdad recibirá un impulso entusiasta.

—«Las dos verdades»

Nuestra generación ha llegado al umbral de una nueva era en la historia de la humanidad: el nacimiento de la comunidad global. Las comunicaciones modernas, el comercio y las relaciones internacionales, así como la seguridad y los dilemas ambientales, nos hacen cada vez más interdependientes. Nadie puede vivir aislado. Por tanto, nos guste o no, la familia humana, vasta y diversa, aprenderá finalmente a convivir. A escala individual y colectiva debemos asumir un mayor sentido de responsabilidad universal.

—Discurso, 1991

Uno de los acontecimientos más conmovedores, esperanzadores e inspiradores de la historia reciente de China ha sido el movimiento democrático de 1989. El mundo tiene pocas oportunidades de ver el rostro humano y espiritual de China. Millones de hermanos chinos mostraron de forma pacífica y abierta sus ansias de libertad, democracia y dignidad humana. A pesar de que han sido criados bajo los eslóganes de «El poder nace de los barriles de pólvora», han abrazado la no violencia de una forma impresionante, reflejando los valores que sustentan su movimiento.

–Conmemoración del aniversario de Tiananmen, 1995

Una realidad que constantemente golpea mis pensamientos es la brecha que hay entre el mundo moderno rico, las naciones industrializadas [...] y las naciones pobres del Sur. Esta brecha no sólo es injusta moralmente, también lo es en la práctica y supone un grave problema de futuro. Incluso hoy en día muchos conflictos derivan de la existencia de esta brecha. Eso lo he comprobado muy claramente en Europa, donde se ve a muchas personas del norte de África y de los países del Este que buscan trabajo.

−Discurso 1995

La división Este/Oeste ya ha desaparecido; eso está muy bien. Ahora existe una división Norte/Sur, sobre todo en lo económico. Tarde o temprano, las naciones más ricas tendrán problemas por culpa de esta brecha. Así que debemos buscar fórmulas para reducirla. En este sentido, ambas partes deberían emprender unas conversaciones sinceras en nombre del mundo, en lugar de hacerlo en nombre de un país o de un continente. Eso redundaría en provecho del interés mutuo en el futuro. Si una de las partes adopta una postura defensiva, o una parte pretende sólo quejarse y criticar, no iremos a ningún lado.

−«Responsabilidad universal y ecología interior»

Estoy de acuerdo y además creo en la ideología comunista que persigue el bienestar de los seres humanos en general y del proletariado en particular, y en las políticas de Lenin sobre la igualdad de las nacionalidades. Del mismo modo, me complacieron las conversaciones que mantuve con el presidente Mao sobre la ideología y la política de las nacionalidades. Si esa ideología y esa política hubieran sido aplicadas, habrían acarreado mucha admiración y felicidad. Sin embargo, si tuviera que hacer un resumen general de los acontecimientos de las dos últimas décadas, diría que se ha producido un parón en el progreso económico y educativo, que son las bases de la felicidad humana. Además, debido a las penalidades infligidas por represiones intolerables, ha habido una pérdida de confianza entre el partido y las masas, entre los dirigentes y las masas, entre los propios dirigentes y entre las propias masas. Con el engaño mutuo mediante falsas acusaciones y tergiversaciones, se ha provocado un gran retraso en la consecución de los auténticos objetivos. Ahora, las muestras de insatisfacción crecen en todas direcciones y son indicativos claros de que los objetivos no se han cumplido.

–Carta a Deng Xiaoping, 23 de marzo de 1981

En la actualidad, en un mundo cada vez más interdependiente, los peligros de un comportamiento irresponsable han aumentado en gran medida. En el pasado, la mayoría de problemas tenían una dimensión familiar y se resolvían dentro de ella. A menos que entendamos que ahora somos parte de una gran familia humana, no podemos esperar que logremos la paz y la felicidad. Una nación ya no puede solventar por sí misma sus problemas porque depende en buena parte de la cooperación de los otros estados. Por lo tanto, no sólo es moralmente incorrecto, sino poco sabio en la práctica, tanto para las personas como para las naciones, buscar la propia felicidad al margen de las aspiraciones de los seres que nos rodean.

–Discurso, 1985

Durante el siglo XX, la humanidad ha vivido muchas experiencias, algunas de ellas trágicas. Así, ahora, sobre la base de nuestro pasado, creo que debemos cultivar un futuro mejor, un futuro más feliz, o al menos prepararnos para él de forma adecuada. Para ello, lo más importante será huir de la actitud generalizada de que los problemas se irán resolviendo conforme avance el progreso material. Considero que esa actitud es errónea. Por supuesto, el desarrollo material es muy útil y muy importante. Con la ayuda de la tecnología y de la ciencia habrá más progreso y más desarrollo. Eso está muy bien. Pero al mismo tiempo, puesto que somos seres humanos, no hemos sido fabricados por una máquina. No somos parte de una máquina. Tenemos sentimientos, sentimientos de dolor y de placer, y ése es un poder conjuntivo. Por lo tanto, las necesidades humanas, todas nuestras necesidades, no pueden ser saciadas únicamente por las máquinas y el dinero.

–Discurso, 1995

Apéndices

Apéndices

Discurso del Dalai Lama de aceptación del premio Nobel de la Paz de 1989

Me siento profundamente emocionado por ser el destinatario del premio Nobel de la Paz. Creo que mi elección reafirma los valores universales de no violencia, de paz y comprensión entre todos los miembros de la gran familia humana. Todos aspiramos a un mundo más feliz, más humano y de mayor armonía, y siempre hemos sentido que la práctica del amor y la compasión, de la tolerancia y el respeto a los demás, es la manera más efectiva de llevarlo a cabo. Espero que este premio dé ánimos a los seis millones de tibetanos. Desde hace ahora unos cuarenta años, los tibetanos estamos soportando el período más doloroso de nuestra larga historia. Durante ese tiempo, más de un millón de personas han perecido, y más de seis mil monasterios –cuna de nuestra cultura de la paz– han sido destruidos. No hay ni una sola familia, en el Tíbet o en las comunidades de refugiados en el extranjero, que no haya resultado afectada directamente.

Y aun así, la determinación y el compromiso de nuestro pueblo con los valores espirituales y la práctica de la no violencia permanecen inalterados. Este premio es un profundo reconocimiento de su fe y perseverancia.

Las manifestaciones que han sacudido el Tíbet en los dos últimos años continúan siendo no violentas a pesar de la brutal represión. Desde la imposición de la ley marcial en Lhasa el pasado marzo, el Tíbet ha quedado aislado, y mientras la atención mundial se ha centrado en los trágicos acontecimientos de China,[10] el Gobierno de la República Popular ha realizado un esfuerzo sistemático para aplastar el espíritu y la identidad nacional del pueblo tibetano.

Hoy en día, los tibetanos afrontamos la posibilidad real de exterminio tanto de nuestro pueblo como de nuestra nación. El Gobierno de la República Popular China está practicando una forma de genocidio consistente en recolocar millones de colonos chinos en el Tíbet. Pido que se detenga este traslado masivo de gente. Hasta que el trato cruel e inhumano hacia mi gente cese y hasta que se otorgue a mi pueblo el debido derecho a la autodeterminación, no habrá más que obstáculos para encontrar una solución a la cuestión tibetana.

10. Se refiere a los sucesos de la plaza de Tiananmen de mayo de 1989. (*N. del T.*)

Acepto el premio Nobel con un espíritu de optimismo pese a los graves problemas por los que atraviesa la humanidad. Todos sabemos de la inmensidad de retos que afronta nuestra generación: el problema de la superpoblación, la amenaza sobre el medio ambiente y los peligros de enfrentamiento militar. A medida que este siglo dramático se acerca a su fin, parece claro que el renovado anhelo de libertad y democracia que se expande por el planeta proporciona una oportunidad sin precedentes para construir un mundo mejor. La libertad es la fuente auténtica de la felicidad y creatividad humanas. Sólo cuando se le permite florecer puede existir un clima internacional verdaderamente estable. La supresión de los derechos y las libertades de cualquier pueblo por parte de gobiernos totalitarios atenta contra la naturaleza humana, y el reciente movimiento por la democracia en varias partes del mundo es un claro indicio de ello.

Los estudiantes chinos me han dado grandes esperanzas para el futuro de China y el Tíbet. Considero que su movimiento sigue la tradición de *ahimsa* o no violencia del Mahatma Gandhi, cuya figura me ha inspirado desde que era niño. El éxito final de las personas que persiguen un ambiente más tolerante debe derivar de un compromiso para contrarrestar el odio y la violencia con paciencia. Debemos favorecer el cambio mediante el diálogo y la confianza. Es mi plegaria más sentida que la situación del Tíbet pueda ser resuelta de esta forma y que un día mi país, el techo del mundo, pueda servir de refugio para las personas y de fuente de inspiración espiritual en el corazón de Asia. Espero y rezo para que la decisión de entregarme el premio Nobel de la Paz anime a quienes transitan por el camino de la verdad y que sus pasos se imbuyan de un espíritu renovado de optimismo y fortaleza.